思想觀念的帶動者

文化現象的觀察者

本土經驗的整理者

生命故事的關懷者

心靈工坊 PsyGarden

Caring

生命長河，如夢如風
猶如一段逆向的歷程
一個掙扎的故事，一種反差的存在
留下探索的紀錄與軌跡

好父母是後天學來的

王浩威醫師的親子門診

著——王浩威

目次

篇二　青春，複雜味

篇三　診間心情

這是一本好書！
讓你用心聽見孩子真正的聲音
讓你用對方法和孩子互動
現代父母沒有太多時間陪孩子
這本書讓你有好品質
陪孩子一起學習成長
做新世紀的心父母

世紀領袖文教基金會創辦人
盧蘇偉

浩威以清新、充滿他一貫緩緩道來的說故事方式，及驚人的坦白及反思，寫出他診間青少年個案的心境起伏。

這些半大不小的孩子，總是無奈的掙扎於各人的自我成長／父母期許、童年經驗／成人責任、家族傳統／文化變遷等互動關係裡。

成長，免不了跌跌撞撞。有人陪伴，心中的孤獨惶恐卻是可以減少的。這是浩威陪伴孩子們成長的故事。

台灣兒童青少年精神醫學會理事長
長庚兒童心智科主任
張學岺

〈推薦序一〉

教養孩子其實沒有這麼難

陽明大學神經科學研究所教授、親職作家
洪蘭

很多青少年問題專家都說：大部分的問題兒童出自問題家庭，這句話印證在王浩威醫生所寫的這本《好父母是後天學來的》中，難怪英國有句諺語「父母對孩子的態度決定他的命運」。父母若常覺得孩子不夠好、不爭氣，會使孩子在不知不覺中產生自卑感。在國外教過書的人都覺得台灣的孩子跟外國學生比起來，幾乎都沒有什麼自信心，總覺自己不如人，這觀念怎麼來的呢？從書中看到，台灣的父母從小就把孩子跟別人比，比不過時，自卑感就產生了。

近年來，因爲腦造影技術的精進，大腦科學家可以在活人的大腦中，看到大腦線上的工作情形，我們就看到來自同一個家庭的同卵雙胞胎，在做同一件事時，大腦活化的區域及血流量有所不同。你會問：他們先天基因相同，後天環境也相同，又做同一件事，爲何大腦活化的不同呢？這是因爲他們後天的經驗不同，沒有兩個人有一模一樣的夢，因爲沒有兩個人有一模一樣的經驗，所以父母不可以把孩子跟別人比，每個人的基因不同，成長的環境不同，相比是不公平的。

王醫師在書中呼籲父母帶孩子要有耐心，這點很對，羅馬不是一天造成的，每個孩子學習的快慢很不同，不可期待每個人學習的速度一樣。台灣有句害人匪淺的話就是「不要輸在起跑點上」。其實這句話一點實驗證據都沒有，它是一個廣告詞，而且是語帶威脅的廣告詞，恐嚇父母不來補習、不買這個益智遊戲，你就誤了你孩子的一生。試想，如果「輸在起跑點上」這句話成立，你又如何解釋「大器晚成」？歷史上，很多名人是大器晚成的，如愛迪生、愛因斯坦、王陽明，他們開竅的晚，但一開竅後，所有的表現都跟別人一樣，甚至更好。父母只要一擺脫競爭相比的心理，孩子就立刻快樂很多。只有在這種情況下，孩子天賦的強項才有機會眞正發展出來。

書中一再強調父母要適度的放手，孩子才會快樂。很有趣的是，完全放手的父母，他的孩子也不快樂。他們會懷疑父母是不是不愛他？不在乎他？爲什麼隨便做什麼他們都說好、好、好，沒有意見？這現象不只是王醫生在門診中有碰到，我在很多孩子身上也有看到，曾有一個非常叛逆的國中生，當他被父母吊起來打時，會笑。他後來說，父母肯打他，就表示父母還是關心他。孩子常會以各種手段來引起父母的注意，甚至不惜犧牲皮肉，這種渴望，令人心痛。玉不琢不成器，適度的管教是必要的，父母一定要了解，管教孩子是父母的天職，責無旁貸，不可推給配偶，更不可推給老師。教好孩子不難，只要第一，以身作則，不要孩子做的，自己也不要做；第二，孩子做錯事時，立刻糾正；第三，糾正時，要解釋理由，不解釋理由的禁止常會弄巧成拙；第四，管教的規矩不能因人而異，更不可一人扮黑臉，一人扮白臉，父母兩人態度要一致。看到書中有這麼多已經受傷的例子，很替這些年輕的生命惋惜，一個心靈的創傷是需要很長的時間才能修復的。

一個行爲偏差到學校寫條子叫父母去談以前，就已有很多的跡象，父母只要有關心孩子，看他放學回來神色不對，就應該要問今天學校裡發生了什麼事，親子溝通管道的暢通是孩子成長過程中最重要的一環，孩子無論發生了什麼事都要能回家跟父母講，父母也不要先罵，要先聽。我覺得一個在校受了委屈又無人可以訴說的孩子是最可憐的孩子。

他山之石可以攻錯，這本書提供了父母很多很好的經驗。如果問題兒童出自問題家庭，那麼就請大人給孩子一個正常成長的機會：請控制你的情緒，善待你的配偶，給你孩子一個溫暖的家。人生本來就沒有十全十美，但是要不要痛苦卻是你自己可以選擇的，因爲人類可以經由心態的轉變使人生轉變，帶來痛苦的常常不是事件本身，而是你對事件的看法。了解到這一點，你就發現，教養孩子其實沒有那麼難，人生不滿百，何苦常懷千歲憂？

父母對孩子的態度決定孩子的命運，這世界不缺少美，少的只是看見美的眼睛而已。孩子是你一生最重要的投資，回家陪伴你的孩子吧！你會發現你的出現會帶給他無上的快樂，他以後會在你年老時，出現在你的養老院，帶給你同樣的快樂。

〈推薦序二〉

不作直升機父母，不作虎媽

富邦基金會執行長
陳藹玲

因爲基金會工作之故，很久以前就知道王浩威是一位很棒的作家、很有心的醫者。但眞正見識他的高明，是因爲成了王醫師病患的家屬。

第一次在診療間見到浩威醫師，大約是十二年前，帶剛進小一的女兒去看門診。敏感聰慧的她，在幼稚園是老師稱讚朋友愛的「搞笑女王」。比姊姊小三歲多、比哥哥小一歲多，看著兄姊穿著帥氣制服、背著方正書包上下課，已經羨慕很久了！我心想、有哥哥姊姊在同一所學校，上小學肯定對她是樂事一樁。哪知沒兩天的時光，她開始拒絕上學，一提到上學就驚怕萬分，好像學校裡發生了什麼事。我嘗試跟她溝通，原來是跟上廁所有關。幼稚園讀的是蒙特梭利式學園，只要有需要、可以隨時去洗手間。上了國小，上廁所突然變成只有下課時間可以去，而且還要排著隊去！她焦慮的問：「萬一來不及怎麼辦？」

我心想哥哥姊姊怎麼都沒有這個問題啊，一定是妳太緊張了！不過我還是說：「可以舉手跟老師說妳要去啊！一年級老師都好好，不會不讓妳上課中間去上廁所的。」

「但是廁所很遠、來不及褲子會濕……」

我再三掛保證，跟她說媽媽可以跟老師先說好，還有其他的同學也會跟你一樣。但第二天早上還是沒法子說服她上學，連哥哥姊姊的勸告也沒效！不知哪來的靈感，我說：「我們去找醫生想辦法好不好?!」

接著，神奇的事就在王醫師的診所裡發生了。在王醫師耐心誠懇的聆聽與引導下，我提出我的想法：「怕來不及上廁所，衣服會濕，要不要帶弟弟的尿布啊？」女兒想一想就說：「不行！太大了。別人會看得出來！」喔喔，瓶頸！

「那媽媽的布布好不好？媽媽也有耶，妳看不出來吧！我每個月都要用幾天耶！」大概被我的努力和浩威醫師的認證說服了吧，「恩……」女兒點點頭同意。

試用不過二三天，她發現即使帶了也派不上用場，就此解決了上學恐懼症！

回顧這個故事，除了想說明，父母眼中的芝麻小事可能是孩子心裡的大石頭，認眞的同理並積極處理，絕對不是傻事！以醫病關係正式的請教王醫師親子教養問題，雖然診斷費很讓人心疼，但結論是値得的。中國人常常諱疾忌醫，對於心理醫師更是避之唯恐不及，深怕被貼上「精神有問題」的標籤。對比西方世界，尤其是美國都會地區，將婚姻親子個人生活等問題都依賴專家的協助，應是過猶不及吧？參考專家的建議，並有及時充分個人反省與劍及履及的執行力，才可能達到允執其中的中庸之道。

誠如浩威醫師說的，好父母是後天學來的。尤其是數位時代的父母，面對數位原生代子女，不論思考模式、行爲習慣、性格等等，都迥異於數位移民的父母，如果用自己的成長經驗帶孩子，不僅會讓自己處處碰壁，還可能傷害親子關係甚至耽誤孩子！學習不做有求必應的直升機父母，也不需成爲「虎媽」（您知道虎媽的嚴厲教育只適用於五到十二歲的孩子？），做個好父母除了認眞付出，還需要與時俱進的方法。

其實，做個稱職的母親是我最大的「志向」之一。雖然我自認付出很多心力時間，也努力求知，只要有好書推薦一定買來看，遇到朋友老師也總是不斷請教，但一路上還是跌跌撞撞，有過許多心力交瘁，甚至自責煎熬。但是每過一關，總是讓生命更進一階，更豁然開朗了一些。親子之間是人生的一大課題啊！有處理過後的智慧學習，就可以應用在生活中的每一個層面。

用故事代替說理，浩威醫師的書集結了許多父母孩子的心路歷程，用心讀一定有所獲！

〈推薦序三〉

只有愛不夠，還要學習

荒野保護協會理事長
李偉文

前一陣子與幾位高中同學聚餐，我們這群老朋友的孩子們大的已上高中大學，晚生的小孩還在讀小學國中的也有，東聊西聊話題不知不覺就講成爸爸經。大家在互吐苦水之餘，有個朋友忽然感歎：「記得我們小時候父母親好像完全沒有時間管我們，我們還不是長得都還不錯，那麼我們現在究竟需不需要花那麼多心力在孩子身上呢？」

此話一出立刻引起熱烈的討論，最後大家的結論是：「需要的，在這個時代若像我們父母親那樣不管孩子的話，孩子眞的會長得不太好。」因爲時代的變遷，除了愈來愈複雜，誘惑愈來愈多，競爭也愈來愈劇烈，在現在的社會的確不太容易能夠安安靜靜照著自己的步伐，依著自己的速度慢慢學習與成長。

可是，若是必須「管」孩子，又該怎麼管？

我看到不計其數的家長「管」得很認眞，卻管出許多親子問題，搞不好還眞的不如放牛吃草來得好呢？那麼「管與不管」之間，該如何拿捏呢？

這就是家長必須隨著時代的變化，不斷學習的地方了。我最害怕聽到父母跟孩子說：「我是爲你好……」通常這句話一出現，就是代表「停止討論，照我的去做」。當然，基於天性，父母是愛孩子的，但是人世間又有多少的紛爭誤解，甚至悲慘的下場都是因爲「以愛之名」呢？

可是，當父母謙虛的想找書來學習時，訪間多如牛毛的教養書就如同經濟學的理論，彼此的看法南轅北轍，令人無所適從。而且教養沒有標準答案，對別人有用的方法，用在自己孩子身上可能完全就沒有效果；這個時候有用的方法，到了下一刻卻又失靈，甚至還會適得其反。

教養孩子似乎困難重重，即便如此，我們還是必須找到並選擇與孩子共同成長的方式，而且淸楚每個選擇的結果。

在衆多教養書籍當中，看王浩威醫師的書，可以有雙重的享受。首先是王醫師以他專業精神科醫師的素養及兒童青少年輔導的豐富經驗，娓娓道來，那種溫暖的對待，給予我們家長有被理解的安慰；另一方面王醫師以其長期關心社會與個人深厚的人文素養，閱讀他的文章往往有恍然大悟，拍案而起的暢快之感！

其實，我覺得不管是不是還有需要被我們「教養」的孩子，甚至根本沒有孩子的人，閱讀這本書，都可以有許多的體會與收穫。

〈作者序〉

好父母是盡力了就好

王浩威

要怎樣才能做好父母的角色呢？這個問題是我在《好父母是後天學來的》這本書原本要「試著」回答的，最後才發覺可能只做到「描述」，描述父母角色的當今狀態。

在前一本書《我的青春，施工中》出版時，媒體也許有些討論，讀者也給許多回饋，大致是在意料之中的，大多是書寫時就預期可能出現的反應。倒是有些朋友們扮起讀者的角色，給我的一些回饋，卻是當初所意料未及的。

有兩位朋友的反應是相近的。一位電話裡噼哩啪啦地說了我一頓，啥不瞭解父母辛苦心情之類的，然後就掛掉電話了。另一位較不熟的朋友則是貼心多了。她說她自己家裡有兩個青少年小孩，覺得青少年在我的書裡也許被瞭解了，但父母則是不見的。「父母眞的沒想過你說的那些嗎？」她最後是語重心長地提醒。

另外的朋友，還有更多的讀者，則是以充滿沮喪的心情，表示自己作爲父母，看了書，才發覺自己很失敗。類似這類的反應還不算少，幾乎每次相關的讀書會演講都可以聽到。

《我的青春，施工中》的寫作，原先只是想爲青少年說說話，而不是爲父母。在我們的社會裡，青少年雖然不是最弱勢的，但也算是相對弱勢。但是，青少年這一階段卻是不擅長表達的，甚至因爲太多無力表達的豐沛而矛盾的想法，經常招惹了不必要的壓力和阻撓。當初是這樣單純的想法，想讓青少年的處境被眞正看到，也就完成了先結集爲《台灣青少年記事》，後來再擴充成《我的青春，施工中》一書。

朋友們的反應，倒是我始料未及的。一九九八年結集成《台灣青少年記事》時，也沒遇見過。也許當時就認識的朋友大多數的小孩還沒到青少年階段吧。現在大家的小孩長大了，以父母的立場出發的感受也就特別多。

朋友們這些反應出乎意料地強烈，我才注意到《我的青春，施工中》雖然不是爲父母寫的，但那樣角色的敘述，確實觸及了當今父母的痛處。也因爲這樣的領悟，心中才浮現這樣的想法：如何從父母的立場出發，思考父母的處境，進而推想可能性。

用中研院社會所研究員吳齊殷的說法，如果過去我的思考（譬如在《我的青春，施工中》一書中呈現的），是為青少年在當今社會體制尋找網絡之間可能的縫隙；那麼，現在這本書的書寫，則是想從父母立場出發，想為在當今社會體制中的父母，尋求屬於父母的縫隙。

依我看法，父母從來不是青少年子女的對立面。父母和青少年關係之所以緊張，其實是雙方都身處於這個社會結構，而社會結構隨著時代前進對內產生了持續的壓力，進而形成一種不得不卡住對方的困境。青少年也好，父母也好，其實都受制於我們不夠明白的當下社會；只不過，父母往往不自覺地被社會結構逼迫而扮演社會體制的代理人罷了。

這樣的想法雖然開始在我內心深處萌芽，但是，眞正的實現是相當困難的。收在這本書《好父母是後天學來的》中的文章，大多是二〇一一年一整年發表的，可以看出我的思考和目前的侷限。

我試著描述父母的困境，試著爲父母清楚勾勒出他們所面臨的眞實社會，也試著指出親職的存在（不論是過或不及的親職）對孩子們成長的影響。然而，這只對父母所處的世界做一個現象學上的探討，離原本要做的結構分析還很遠，更談不上其間縫隙的尋求。

這困難在哪裡呢？面對當前的社會，我們總以爲自己是看得十分清楚的，尤其在努力收集了四處充塞的資訊以後。然而，我個人卻以爲，我們以爲清楚看到的這個社會，其實是個幻象，是個錯覺。或者說，當今的社會一旦讓我們研究透徹了，這個當今社會已經變成過去的世界了。我們以前看到的當今社會，其實是昨日黃花。我們每天生活中所面對的世界，也就是眞正的當今社會，是百分之九十仍存在於濃霧中，從來沒清楚出現過。

描述父母的處境都已經如此艱難了，更何況要做好父母的角色。面對這樣不可能清楚掌握的世界（這是永遠不可能的任務），父母開始要學會放手：對小孩子放手，也對自己的苛求要放手。只要覺得自己盡力了，就不再自責無法做到的部分——因爲自責或求全，經常是惡性循環地產生更多的破壞力。這樣的放手態度，也就是英國兒童心理大師溫尼考特（D. W. Winnicott, 1896-1971）再三提出的「盡力就好了的父母」（good-enough parents）。

好父母是不會自責的，甚至是享受和孩子們的互動，甚至衝突。這一切都是樂在探索，樂在不確定的態度，才能在後天的體驗裡累積的。

這些文章的發表，特別感謝《張老師月刊》的高惠琳小姐、《親子天下》

的編輯江美滿小姐和國語日報的編輯蔣秀娟小姐。謝謝她們的耐心和包容，才有了這些文章的完成。

我也感謝心靈工坊的黃心宜、祁雅媚、賴慧明、總編輯王桂花等人，謝謝他們的努力，才有這本書的完成。

篇一

作父母，超級任務！

科技新父母，親子新挑戰

一位中年的母親說起她和大學的女兒如同姊妹的關係。

她說：「女兒高中的時候，我們一起去逛五分埔；考上大學去東京玩時，一起逛新宿。」慢慢地，也說到了這一次的衝突。

當初女兒聊起臉書，她以為女兒是鼓勵她也加入這個社交網路，卻不知道為什麼待她加入後，女兒竟然氣得離家出走。

只是氣她加入臉書？我問媽媽。

她猶豫了一下，說，好像也不是。原來她加入臉書成為女兒的朋友後，也主動邀約女兒的所有朋友成為自己的朋友。

一開始女兒也覺得沒什麼，也就沒反應。直到女兒發現自己的一舉一動，特別是跟朋友互動之間的話語或活動的任何細節，媽媽都摸得一清二楚，一股說不出的憤怒慢慢累積，才有後來發生的小磨擦，引發出媽媽所謂的「忽然一衝動就氣得堅持搬出去住」。

這讓我想到另外一位父親。

在兒子連續好幾年央求讓他一個人去國外自助旅行後，這位向來自認開明的父親，最後是不得不答應了。

不過，他先做了一些功課，調查了哪些國家沒開放手機的國際漫遊（編

甸、北韓等等），哪些國家手機訊號覆蓋的普及率偏低。這些國家都是不准去的國家。然後要求兒子交換條件：每天手機要開著，每天要主動打電話回台灣。

一位留學生向我抱怨他家人的不合理要求。他說：「出國找好落腳處，架好電腦後，我習慣將 Skype 整天開著，家人可以隨時打招呼，也就沒有離家的寂寞。」只是後來，每天透過視訊看到他租屋的媽媽，老是嫌他房間亂，還「威脅」要到美國東岸幫他收拾房間，他索性就藉口電腦的鏡頭壞了，將 Skype 改成只剩聲音的。

沒想到，後來的發展是，父母以爲他不會修電腦，央求堂哥到東岸出差時，特別繞一圈飛到他學校，就是爲了幫忙裝一個新的視訊鏡頭。

這樣的故事還很多，最常聽見的故事是，父母如何破解小孩電腦密碼去瞭解他們網上的活動；或小孩手機是登記在父母名下，父母也就可以要求通聯紀錄等等。

高科技的發展，讓人與人之間的距離開始變得十分多樣；或者誇張一點說，變得可以沒有距離。

這對各種人際關係都產生很大的影響。

在親子關係上，一個人從青少年邁向成年的階段，在過去，發展相關的心理學、不同的學派之間，也許會有不同的語詞來形容，譬如分離（separation）、個體化（Individuation）、離家（leaving home）、自我認同形成（identity formation）、火箭發射期（launching stage）等等。這些術語都是強調分離的必然性，將孩子的發展過程中，他／她和家庭的距離拉開視爲是獨立能力或完成自我個體化的必要條件。

然而在這一個時代裡，不只是台灣，甚至也不只是亞洲，也許是在時間上和經濟上都比過去富裕，也許是世紀末氛圍讓人不自主的擔心，父母們將自己的功能不知不覺延伸擴大了。於是在一般的狀態下，中產階級以上的家庭，父母對子女似乎有永無止境的擔心，也就有永無止境的關心。

每一時代的父母都有每一時代不同的資源和不同的特色。在這樣無止境擔心的氣氛裡，同樣是在高科技產品中長大的新一代父母，因爲擅長運用科技，過去心理學所描述的這個分離階段，也就更不容易發生了。

父母也是有演化史的。如果說九○年代出現了擅長利用心理學和溝通技巧的父母；那麼，二十一世紀後的新父母則擅長運用科技的助力。只是，在這一切變化（演化？）後，究竟是心理學教科書該改寫，還是親子關係會出現更多的新挑戰？

孩子為什麼說謊？

打電話給劉瑜時，聽聲音就知道他還在睡覺。他知道我是問何時可以安排見面的，急忙說自己感冒已經好些天了，暫時沒辦法。我知道這是謊言，還是回答說：「過兩天好一點了，找時間碰個面吧。」

劉瑜是我以前的個案，當年還就讀某個知名的私立初中時，因爲欺負其他同學而差一點被退學，最後學校還是要求轉學，才由父母帶來的。只是，他父母就像這城市的許多父母一樣，都太忙碌了，經常在家庭聯合會談時臨時取消。比起金錢的富裕，他們在時間上是恰恰相反地匱乏。他們寧可爽約白白付就診的費用，也無法挪出時間來。

美國的心理治療大師肯柏格（Otto Kernberg）就說過：治療師在診療室裡從自己和個案之間所感受到的情緒和反應，就是個案生活中他周遭的人們會感受到的相同體驗。肯柏格講的是個人治療，不過，在我的經驗裡，家庭的互動也是吧。

於是，在難得的一次三人都出席的家庭會談中，我向父母提出這一點看法：「我知道你們都十分忙碌，只是寧可付費也不及時取消這件事讓我困惑。是你們不容易有機會相互溝通，不容易知道彼此的行程？是你們的生活裡相對於時間，錢是較不重要的？如果是這樣，會不會跟劉瑜的相處也是如此，也就是說：錢比時間容易？」

我這三個問題不是一口氣提出的，而是一個一個分開問的。每提出一個問題，三人不約而同都沉默了；待反應都夠長時，我才又接下一個問題。

因爲有那一次的直接面質，劉瑜才開始和我建立眞正的會談關係，不再像一開始時保持遠距離觀望的態度。

家庭會談依然繼續取消，和父母的關係沒進展；但個別治療繼續著，劉瑜和我的會談也就越來越深入。隨著關係的穩定，我才問起劉瑜，當初第一次見面時，媽媽當面指責他經常遇到事就撒謊這件事。當時他很直覺而憤怒地說：「我哪裡有！」這，究竟怎麼回事？

劉瑜坦然講了幾個例子，都是一些順口撒謊的小事。他說，其實也不過是希望能躲過這一關，不要再被碎碎唸了。

回想自己的成長，不也是這樣嘛？我年幼時調皮，喜歡耍小聰明；青少年階段更是好玩，不喜歡被管。父母擔心，總是緊張地盯著，碎碎嘮叨也就在所難免。只不過，當時不自覺地找各種理由逗留在外頭，沒有太多撒謊或火爆衝突罷了。自然地，我更可以體會劉瑜這部分的心情。

其實我們每個人都一樣，不僅希望不要再被唸了，甚至希望在父母的眼中自己是十分完美、是十分棒的人。我因此告訴劉瑜說，也許撒謊就是還在乎父母的看法吧。他似乎有點懂，卻不知道如何接話。我又接著說：「說謊話要說到永遠沒人看穿，恐怕是不可能的。所以，如果希望別人眼中的自己是完美的，我們就眞的要有一些努力。這雖然不容易，但慢慢地累積，自己果眞更好了，你就可以體會這句話是眞的有道理的。」

關於小孩撒謊這件事，其實可以當作成長過程中很正常的過程。當小孩慢慢成長，他對外在的世界越來越多的認識，也就越感覺到自己的不足。然而，自出生以來那種維持完美的欲望卻依然強烈存在。因爲如此，他也就越來越覺得自己無法維持住過去一向的完美。這一股不安，也就讓他開始不自覺地會用一點手段，也許是撒謊，也許是偷竊，來達到這樣的目的。

這樣的行爲，通常在小學四五年級開始出現。只是逐漸地，在這成長的過程，小孩的能力越好，自信也更強了，他們開始有更多的能力。在這同時，他們也慢慢發現：透過偷竊或撒謊來擁有這個世界，其實很快就要付出代價，而且是很大的代價，是讓自己離完美更遙遠的。於是，他們更積極發展其他的能力，而放棄了偷竊或撒謊。

只是，當年我遇到劉瑜時，他已經是國中二年級了。撒謊也好，欺負別的同學也好，都是別人早就該因爲代價太大而放棄的行爲了。如果這些行爲還持續存在，可能是他沒有機會對自己的其他能力產生信心，也可能這些不當行爲帶給他的回饋，遠遠超過他所付出的代價。

可惜，當年我和劉瑜的會談並沒有足夠的時間去解決這些問題。當年劉瑜和我的關係越來越穩定時，劉瑜對我越來越強烈的依賴，開始激起父母不自覺的失落感。這是青少年的心理治療常見的情形，只是我沒即時做適當的處置。於是在升國三的暑期課前，父母就以課業繁重爲理由，替劉瑜決定，擅自結束了當時的會談。

這一次，父母又來找我了。上了高中的劉瑜似乎更會撒謊，也不去學校了。他甚至拒絕了父母要求來找我的建議。基於過去的相處經驗，我決定自己打一個電話給他，才有了那通電話的撒謊。

然而，也因爲他的反應是撒了一個明顯的謊，所以我更確定這不是拒絕。他也許還有點遲疑，甚至是對當年我沒阻止父母的結束動作，在意識或潛意識層面仍有著一股說不出的憤怒。總之，他只是沒有充足的準備，暫時迴避了。我知道，過兩天再通一次電話，他就會以有些勉強的方式來說出他的答應。

別著急，更不要露出擔心帶來的不安。我這樣告訴著自己，不要連自己也都對劉瑜失去信心。

除了自由，孩子還需要更多

在一場演講裡，一位看似家長的聽衆，舉手問說：「要如何培養小孩的自信心？」

平常聽到這問題，我腦中會浮現起「適當的挫折」（optimal frustration）這類可說是自己過去常用來回答這問題的標準答案，或建議幾本市面上我寫得不錯的書。

只是那天，我似乎從提問者的某些地方感受到些許不尋常，一時興起，反問說：「你要不要多講講這位你覺得自信心不足的小孩？」也許，只是因爲，我忽然想起早上診間的個案……

威廉是媽媽陪來的，這些年來一家三口定居在南半球的某個城市。今年原本是準備大學入學成績的最後關鍵，但威廉選擇了某大學的預科，以避開壓力極大的競爭。爲了這點，一家三口有過許久的「辯論」。最後堅持不同意見的爸爸，還是讓步了。爸爸表面上尊重威廉的選擇，其實仍是頗不以爲然，直到現在都還有些不愉快，甚至今天的約診也找個理由不來。

媽媽也偏向爸爸的意見，畢竟依威廉的程度參加全國成績鑑定，將會有更多好學校、好科系可以選擇。不過媽媽看到更多問題，威廉從小只要可以不競爭，幾乎都選擇較不競爭的方式。媽媽的問題是：爲何威廉如此沒有信心？

威廉的爸爸出生在南部小鎮一個十分傳統的家族，日本式的教育可想而知，包括被逼迫讀自己不喜歡的科系。也因爲如此，他們夫妻還在大學戀愛時，就參加八○年代末的教育改革運動。當威廉出生時，兩人的教育方式更是遵守絕不打罵、完全尊重小孩的原則。

當我聽到這裡，心裡大概有些概念了。多年的臨床工作，我接觸到的青少年，剛好是八○年代末台灣教育改革運動獲得社會熱烈迴響後，在這氛圍中逐漸長大的一代。每個當時讀大學的父母，對這運動也許支持程度不一，甚至可能因爲政治立場而反對，但杜威式的自由教育態度，幾乎成爲當時台灣的時代氣氛，對那時任何立場的年輕人，都產生了一股潛移默化的影響。

然而，從來就沒有一種教育制度，對所有小孩都適用；同樣地，也從來沒有任何眞正誠懇的教育學家或心理專家，敢保證自己教出來的小孩就沒問題。八○年代末風起雲湧的教育運動也是如此。現在回想起來，它的確解決了許多問題，卻也必然遺漏了一些問題，甚至還有更多被誤用而產生的問題。

我還記得一位高中生，在會談已經進行一段時間後，有一次，忽然遲疑地問我：「醫師，我是不是比較笨？」

被這樣直率的問題嚇一跳的我，直覺地回問他怎麼會這麼想。

「同學的爸媽都會要他們當醫師或工程師之類的，要他們努力讀書。可是，不管我成績再好，爸媽都說做什麼都無所謂，還叫我去當清潔工！」一時之間，我幾乎是哭笑不得。

俊忍不住而很想笑出來，是因爲我有把握他父母說的就是教改運動時經常可以聽到的那一類說法：「做什麼都可以，只要自己快樂，清潔工也無所謂！」而更深層的卻是一股說不出的難過，竟然這樣的誤解拖到如此長久，已經讓他對自己失去應有的信心。

面對眼前的威廉，我理解爲何父母認爲他自信不足。除了自由，孩子的成長還需要更多：譬如期待，譬如信任。

教養，永遠沒有客觀的尺

不知是第幾次遇到這樣的情形了，會談許久以後的青少年，忽然抬頭問說：「如果我眞的還不錯，爲什麼爸爸、媽媽從不叫我像他們一樣，作個醫師、律師或大學教授？」

這樣的個案在心理會談的初期通常是被動而沉默的。父母帶著他們來，往往是因爲在學校出了一些狀況，由校方建議找專業資源的。

青少年的被動要加以化解，原本就是耗時的。他們整個慢下來的身體，往往意味著關於自我的掌控已經失去最基本的信心，害怕再一次的失敗。這時，大人必須慢下自己的節奏，比青少年還放鬆的陪伴。因爲如果大人急了，他的身體又繃緊了，想行動了，對青少年而言又是一次無言的批判：「怎麼這麼慢？」「還不知道自己要什麼嗎？」

會談許久以後，和青少年之間建立互信關係了，他們才敢將內心最深的恐懼或羞恥說出口：「爲什麼父母從不要求我？」

這樣的父母其實我也認識許多，包括好幾位十分熟悉的朋友或同學。在大人自己還是小孩的時代，他們就被要求要考上前三志願，考上台大，考上醫科，被要求要找到一個響亮的專業作爲職業。這些父母當年是多麼痛恨這一切要求對自己成長人格的扭曲，甚至走上街頭，參加要求教育改革的示威人潮。他們被要求太多了，所以他們下定決心作一個不要求的父母。

我問診療室的青少年，你的父母是怎麼說的？他回答說：父母說只要我喜歡，只要我認真，作啥都可以，工人或小販都無所謂。「爲什麼他們叫我作工人呢？是不是我天生就比較笨？」最後這句話是他們憋了許多年，終於講出來的。

教養是一件很複雜的行爲。過度的要求和鞭策，將人們的快樂能力都磨光了；但是，完全的放任而不要求，又將如何呢？這是沒有絕對答案的。只是，我們想要作更好的父母，於是對過去憎恨的那些面向不自覺地一百八十度大轉彎，又走到另一端了。

是的，小孩的自發性是要被尊重的。他們有對於這世界的各種想像。只是，這些想像也是要被肯定和誇讚的。大人的期待，像和小孩一起分享對未來的幻想的期待是最好的，不過只要做到不過度強行加諸小孩身上，都是對小孩自我表現的努力做出適當的回應，也就是一種背書，一種清楚的肯定。

父母難爲，就是因爲在肯定和強行要求之間，在適度壓力與過度壓力之間，永遠都沒有一個客觀的量尺，只能相信自己的感覺了。

讓自己夠好就好

朋友的女兒在國外結婚定居，最近有了小孩。更早以前，剛剛懷孕沒幾個月，她就開始緊張，許多想像出來的莫名的擔心，覺得連她媽媽，也就是我的朋友，給的答案都不夠，於是 Skype 問我。當時我回答了一些話，不過自己也不記得了。

小孩生下來後，她寫了封email給我，看來是更焦慮了。我覺得她的問題很典型，表達得也很精切而傳神，也就徵求同意給大家看。

她是這麼寫的：「我最近在想你說的『強韌有生命力的母愛』到底是什麼呢？是表示我一定要對孩子微笑、不能露出悲傷憤怒的表情嗎？我很害怕等孩子出生了，我就二十四小時都要『扮演』一個勇敢慈祥的母親，不能有自己的情緒，但是那種事根本做不到啊（我這樣想會很自私嗎？）！所謂『天下媽媽都很偉大』是在說媽媽都很盡責地壓抑自己，提供孩子自己最好的一面嗎？還是其實很多媽媽都有情緒方面的問題，都會覺得很無助，也會想對孩子生氣？我現在每個禮拜都會哭，有時候很生氣就會去抽菸，然後覺得我自己非常差勁。我很努力要當一個好人，但是總是會失敗。為什麼有時候我覺得很快樂，但是難過的時候一點快樂的感覺都想不起來？」最後她還問說：「如果你知道有什麼這方面的書請告訴我好嗎？」

夠好的媽媽，急著想成為完美的媽媽

我看到這封信，擔心之際也同時湧上許多莫名的感動，來自不同層面的。當年那個狀況不斷，總讓我朋友頗爲煩心的小女孩，現在果眞長大了。這眞是無法想像呀，那女孩而今是如此認眞的母親，幾乎可以說是因爲太認眞而自尋苦惱了。另一股感動則是來自她眞切的焦慮和自責，因爲那是母愛教人最歌頌的一點，幾乎每一個人（包括男性）都擁有自己沒意識過的母愛。當寶寶來臨，這股情感立即湧現，毫無條件地爲新生的寶寶完全犧牲自我。不管這位媽媽以前是怎樣的高成就，還是依賴成性幾乎可以說是長不大的大人，對大部分的人來說，面對新生寶寶，這股母愛就出現了。

我回信告訴她這些感動，告訴她說：「放心吧，妳一定是一位夠好的媽媽（good-enough mother）。因爲夠好，才可以從字裡行間感覺得到妳的著急。我們著急著自己的任何不足，著急著想避開所有可能的缺點時，也就不知不覺地著急著想成爲完美的媽媽（perfect mother）。」

至於這股著急，擔心著自己不足的著急，果眞如此不夠好嗎？我這樣繼續回答：「妳的著急本身可能有兩層相反但共存的意義：一是自然而然地發自內心，不論如何都沒法消失的在乎和努力；另一方面，則是妳向來都對自己太苛求、老覺得自己做覺還不夠的不安。這股不安可能不自覺地投射向四周親近的人，包括妳先生、寶寶、特別是妳自己，而產生了不必要的破壞力。所以享受妳作為媽媽的成就吧，在這個角色上多一點自戀，對自己的所有反應都要有堅定的相信。因為做媽媽的確是不容易的事，一定會偶爾抓狂，偶爾小小崩潰。自己是完美媽媽的感覺只是長久過程中偶爾出現的感覺；經常性的完美感只存在於神話般的故事，或是拉菲爾的聖母畫像中才會出現罷了。」

媽媽陷入緊張，寶寶就感覺不到媽媽的好

其實，完美的父母是極其災難的想法，不論對小孩或對父母自己。一味追求完美，就會不准自己有缺失，一切的反應也就變得太緊張了。當媽媽陷入這種緊張，寶寶也就感覺不到媽媽的好，只感覺到她的焦慮。而媽媽呢？當然最後是累垮了，也就更沒啥好脾氣。

我繼續告訴這位新手媽媽說：「二十四小時的媽媽一定會疲累和失控，

八小時的媽媽也一樣會失控——只要不能隨時離開，永遠要聽任一個永不在乎你，而且永不可預測的小小可愛但野蠻的動物，任何人都是會疲憊而失控。但記得這是妳修煉成媽媽的必要過程：經歷一千次的眼睜睜目睹自己的修養終究瓦解而癱在地上，然後再站起來。這時，妳所要做的，就是要相信自己夠好了，相信自己是很棒的好媽媽，可以驕傲地站在全世界面前，包括負面的心情也站起來，直直地站起來，像所有剛擁有寶寶的媽媽的那一股飽滿的喜悅。妳是夠棒的母親，而且，請務必牢記我對妳的相信。」

我也寄了一本英國心理大師溫尼考特的作品《給媽媽的貼心書：孩子、家庭和外面的世界》（心靈工坊，2009），因爲我的這些回答，讓自己夠好就好，其實是溫尼考特最早提出來的：不要完美，盡力讓自己夠好就好了。

當受傷的孩子成了父母

炎夏島嶼上的都會城市。

醫院診間的冷氣強勁吹拂著所有的角落，再加上亮白的照明系統，好像在這裡的一切都和外面攝氏三十六度熱氣下的世界無關。

我面前坐著是一位哭泣的男人。

「我好像從小就是人家說的掃把星，任何接近我的人都遭遇不幸。現在，連小孩也被我的婚姻搞得遍體鱗傷。他這樣的小孩，活在世界上多麼不幸呀。」

所謂從小就帶來不幸，指的是他父母的婚姻。

自父母離婚以後，媽媽心情不好時就順口說出：「都是你害的啦！」這類的話。

媽媽指的是他對父母婚姻的影響。在他記憶的最初之始，父母就一直吵吵鬧鬧。媽媽說是他害的，自然地，長久下來，他的腦海開始自動編織出所有可能的故事，來完成那些從沒人眞正告知的加害過程。

是不是他的誕生，造成父母親感情失和？是不是他天生不夠乖，惹得父母心情不好而常吵架？是不是自己不夠優秀，讓父母失望，進而讓他們的婚姻有了遺憾？當然，還有一種想法，不必任何推理就可以解釋所有現象了：

是不是自己就是掃把星，將衰運帶給任何接近的人？

這已經是許久以前的事了。長大以後的他，當然知道當年還幼小的自己不可能有這般的破壞力。只是那一股情緒，包括當下的反應和思考的模式，卻一直擺脫不了。

他帶著這樣的心情長大，自然不敢多談戀愛。只是他從小努力照顧著母親心情培養出來的能力，也很容易就習慣會照顧所有遭遇不幸的人。

「任何人都比媽媽容易照顧。」這是他以往的理念。

他是一個溫柔的男人，擅長傾聽朋友的痛楚。過去，媽媽永無止境的抱怨和鬧情緒，他幾乎是從不拒絕，拚命要幫忙，最後卻弄得自己只有永無止境的深沉無力感罷了。國小高年級或國中以後，他開始察覺自己的天賦：天生的安慰和傾聽的能力。任何朋友的煩惱，不管男女，只要跟他訴說，就可以相當程度地破涕爲笑。

有些朋友的問題很簡單，說說就好；有些則不然。那些不容易解決的問題，他不自覺地陪朋友談過漫漫長夜，也走過一條又一條的街道，終究還是某一程度地改善了。

只有母親的問題，他覺得從沒改善。

卅五歲那年，當大家都還不知道他戀愛時，他就宣布結婚了。多年以後，他慢慢瞭解當年忽然急於結婚的背後心態：剛認識自己妻子時，原本也是傾聽而已；只是許多漫漫長夜聊過，許多街道漫步過，所有的不幸還是如此沉重而惹人心憐時，在這樣的狀態，不自覺地就將結婚當作一種助人方式。於是，這樣奮身一躍，就像那些以爲自己可以救起溺水者的壯士，奮不顧身地跳下激流裡，卻成了義士。

不成熟的妻子受不了當媽媽的責任，卻是嚷著太年輕結婚了，要去追求自我。而孩子，也就成爲她猶豫不決的出氣筒。這也就是他認爲小孩「被我的婚姻搞得遍體鱗傷」。

任何人都有自己故事，自己成長的過程，自己如何走過原生家庭而想辦法成長的歷史。有些是悲傷的，有些甚至是不忍卒睹，這一切都留下了大小不同的傷痕。

這些人長大了，這些傷痕還是像砍在心靈上的疤一樣地，不知不覺開始發揮作用。傷疤的作用有正向的也有負向的，可以十分建設性，也可以是破壞的。通常，在個人成就的追求，這傷痕可能成爲正向的動力；在人際關係上，卻是親密關係的困難之所在，也許是太依賴，也許是太害怕了。

傷疤在人際關係上有著一定的影響，不論自己的工作同事或一般人際，不論是婚姻或交友，都作用著。只是有一天，成爲父母了，這作用的對象將是自己子女，也就更教人不堪了。

任何身爲父母的人，就算是有再大的傷疤，恐怕還是要約束自己的傷疤，學會正向而犧牲的心情吧。

所謂正向，是眞的可以讓自己維持快樂的心情。因爲小孩子是明白的，他會清楚你的心情；而唯有快樂的父母才有快樂的子女。

所謂犧牲，不是傳統定義的犧牲，而是願意讓自己的自我中心傾向，開始加以節制；將自己生命的一部分（不是全部）讓出來，開始以孩子爲中心。

我告訴這位哭泣的爸爸：也許你沒法給孩子一個好媽媽，但你可以給孩子一個好爸爸，如果你願意停止自責，告訴自己其實是很不容易了。我要他不斷地要求自己：永遠要正向一點。

婚姻與孩子帶來的考驗

小志走進來時，我還誤認爲是同事的個案，全然沒任何的印象。助理提醒我時間到，該開始了，我才意識到剛才錯身而過的那位高俊男子是我在等待的小志。

八年前或十年前，那時我的診所還設在杭州南路，有一段時間，幾乎每一兩個月就會冒出一位過去的朋友，需要幫忙處理他的婚姻問題。

自己年輕的時候喜歡動手寫文章，也就交往了一群藝文界的朋友；後來台灣解嚴而風起雲湧，又認識了一群社會運動的英雄豪傑。八〇年代風起雲湧的熱鬧一下子就散去，我慶幸自己身在精神醫學訓練的軌道裡，還努力繼續追求自己專業的能力，反而沒注意到那些失去運動事業的朋友們的狀態。他們最浪漫的戀愛和最熱鬧的婚禮，多半是錯過了。多年以後再見面，反而已經是在人生最不堪的狀態。

那些朋友們年輕時候的浪漫情懷也好，革命壯志也好，沒多久都面對愛情、婚姻和撫養子女的考驗。托爾斯泰在他偉大的小說《安娜・卡列尼娜》的開場提出他那著名的看法：「每一個不幸的家庭都有不同的故事。」關於這一點，我卻有不同的看法。那些年，我看見那麼許多的「不幸」故事，卻總覺得有個朦朧的概念：所謂的英雄、才華縱橫、反社會、創造力這些關於個性的形容詞，和失敗的夫妻或失敗的父母，某一層面上其實是同義詞。

這樣的說法或許是武斷了。但是，對於一個沒有波西米亞傳統的民族來說，選擇作藝術家或革命家或社會實踐者，原本就沒有相當數量的先行者提供足以參照的生活經驗。偏偏人們的生活不是只靠一個熾熱的理念，就可以一個人赤裸裸地活下去了。因爲這樣的經驗，我記得自己還曾經跟擔任過國內文化政策重要職務的邱坤良與黃碧端兩位老師，分別在閒聊之際不正式地建議過，應該提供國內藝術家特別的心理諮詢之類的。

八、九年前，小志跟媽媽第一次來我工作室時，還是小學四年級。小小年紀，長得秀氣極了，整個人都緊緊依偎在媽媽身旁。如此近乎黏接一體的狀態，特別是瞭解他父母的婚姻危機之後才出現，不禁讓人感覺背後其實隱藏著強烈的焦慮，害怕可能發生的分離。

當時的會談，焦點是放在父母的婚姻上。被老婆指責外遇的爸爸，是我昔日的朋友。因爲是他自己表示只願找我而拒絕其他的治療師，他也就只好乖乖出席。只是，小志的爸爸還是外遇不斷，而媽媽也越來越沒忍耐力了。

父母最後還是離婚了。母親去北京工作；小志按法律判定上是跟著父親，其實多和祖父母住一起。父親後來又結婚，終於比過去成熟，比較懂得珍惜新組合的家庭，卻也因此比較沒時間照顧小志。再加上祖父母的病老和往生，小志上了國中以後幾乎都是一個人過日子。

一個人的小志，日子當然不好過。休學、中輟、飆車、打工、混夜店、住朋友家，諸此種種，一切該發生的都發生了。

爸爸多年和小志的衝突不斷，早就不理了。媽媽爲了小志闖下的禍專程回來，已經不是第一次。會再度約我會談，只不過是這次假期較長，可以回來較久，再加上問題更嚴重了。這一次，小志在非法的夜店用K他命，警察臨檢時被抓到了。

媽媽說著這一切時，盡可能地強忍著激動。俊秀的小志，在沙發的另一方向，也沒什麼不耐煩，但也沒任何用心。

我問小志，還記得八九年前的那次見面嗎？他搖搖頭。我繼續形容當時的情況，他是如何和媽媽互動，間接指出和現在的落差。他似乎有些動容，但也只是一絲落寞瞬間閃過他的眼神，一切又平靜了。倒是媽媽激動地崩潰了。這許多年的辛苦和無助，那股沉重其實是外人很難瞭解的。

不過，我讓媽媽稍稍宣洩就將話題轉向小志了。我當著小志面前向媽媽說：做治療師的我也好，做媽媽的她也好，如果眞的想和小志一起努力，就要先問問自己有多少時間可以投入。我說，連那麼疼他的祖父母都可能老死而拋棄他，更何況是忙碌的我們。

我詢問著這位辛苦的媽媽，其實是想讓小志聽見：這些年來的孤獨，還有被拋棄的傷口，其實媽媽和我都看到了。

看到眞實的小志只是第一步。關於小志，心理治療的路還遠呢。

不作為，才是最難的境界

一個已經習慣離家的孩子，要怎樣才可能回家呢？

小志逐漸進入會談時，我開始思索這個問題。

當年，在小志小學三四年級時，經常吵架中的爸媽終於要離婚了。小志先是和最疼他的祖父母住。可是，不幸的是祖父忽然中風去世，而祖母在持續的哀慟裡，也就沒法照顧小志了。

國中以後的小志，住在爸爸（常在大陸出差）、姑姑（只是借住沒太多互動）和祖母（小志回去幫忙照顧）三個家，但是跟這三個家卻又沒有太多的情感組合。倒是外面的朋友，幾乎都同樣是單親或家庭有狀況的同學，或是高小志二、三期的學長，大家相處久了，平常遇到或大或小的狀況會彼此相挺，也就不知不覺反而更有情感的依附，覺得更像一家人。這也就是偶爾回台灣的爸爸，每次責備小志總是將朋友帶回家裡，小志總不以為然。尤其爸爸在遣詞用字之間，經常自覺或不自覺地對他的朋友流露出稍稍一絲看不起的口氣時，小志總是忍不住頂撞回去。

「當然，這些朋友也不是說就好到哪裡去啦，去年有個傢伙就騙了我的錢。但大家到底是相處這麼久了，說不定比遇到老爸的時間都還多。」小志有點過早成熟的口吻，跟我提到這些看法：「至少，找他們時，不會像老爸一樣沒聽清楚就亂K人，更不會找不到人。」

小志告訴我這些時，已經是我們會談的第四次了。他的防衛心態是稍稍放下了。有一個他慢慢走進到會談裡；但還有另外一個他其實正抱持著保留的態度，在一旁觀望。

第一次來是媽媽帶來的。離婚後多年定居上海的媽媽，被告知小志在學校的學籍可能又不保時，匆匆搭機趕回。沒想到，雖然離婚多年，和前夫談起小志問題時，兩人又陷入要言語相向的困境。

「你知道，就是你以前告訴我們的，兩人在比賽爬樓梯。」小志的媽媽是指多年前面臨離婚而找我做婚姻諮商時，我曾形容他們的互動是情緒上的爬樓梯（escalation），一個大聲，另一個就更大聲地想壓過對方的互動。這是夫妻或家人的衝突中，十分常有的現象。

媽媽這幾年也過得不算順遂。第一次會談時，媽媽有參加進來。除了瞭解小志的問題，就是媽媽的情緒發洩。當時我問媽媽：「有多少時間再陪小志呢？」沒想到這觸動媽媽重做生涯規劃，決定將工作調回台灣。

這一次會談是第四次了，回去一趟上海處理工作交接的媽媽也來了。媽媽要求在我和小志會談後談個十分鐘，小志也大方地同意了。她分享這些日子和小志相處的經驗。離婚多年以來，她回台灣的時間總是匆忙兩三天，而小志又不願到上海跟她聚聚。於是，過去幾年兩人見面總是匆匆，吃個飯逛個街買些東西而已。這一次兩人是住在一起了，可是她說，小志似乎是很親近，卻總是感覺不到他有進一步靠過來的意圖，總覺得還有說不出來的很遠的距離。

是啊，就算一個孩子，多年來離家成習慣後回家也會近鄉情怯的。我這樣告訴媽媽：「我們不是常說近鄉情怯嗎？一個人的回去，不管是回鄉還是回到家人身旁，這種情怯，往往是存在於潛意識層面而無法自知的。」儘管理智上知道媽媽是眞心關心的，是愛他，是下定決心留下來陪他的，在小志的潛意識裡，他還是擔心自己萬一習慣媽媽存在後，卻發生有一天又找不到她的當年那種絕望的難過；擔心目前暫且抑制住的那些對外探求的欲望，一旦自發性地恢復，卻被媽媽反對而不得不相互衝突；也擔心媽媽更瞭解他以後，對眞正的他不滿意或是不喜歡的。

我告訴媽媽：「要改變這情形，大人要做很多。做什麼呢？就是什麼都不要做，只有充滿欣賞和關心的注視就好了。對父母而言，爲小孩做事很容易，爲他們而放棄做任何積極行動，才是最不容易的作爲。」

一部分的小志，也許是希望相信媽媽的。另一部分的小志，其實還在觀望：眞的可以信任嗎？這一刻出現的媽媽，眞的不會像過去那個媽媽一樣忽然消失嗎？

面對這觀望的媽媽，其實只能等待；甚至是相信小志已經依附過來般，連「等待」這一念頭都不存在。唯有這種自我欺騙般的百分之一百的相信，才能百分之一百的放心。唯有完全的信任，完全的放心，媽媽才可以果眞自自然然地和小志在一起，果眞什麼事都不做。

如果有具體的事，父母要努力都很容易；最難的是不要做，讓小孩內心微弱的生命力慢慢復甦，終於自己開始行動。這樣的不要做，才是父母最難的境界。

潑猴與如來佛

每當暑假或寒假到臨時，小孩子們是快樂的，大多父母卻開始爲如何安排充足的活動，而感到十分煩惱。特別是近年旅遊風氣越來越盛，這次放長假家人又帶去哪裡旅遊，似乎成了中產階級家庭的小孩子們開學以後最重要的話題之一。如何利用這個學生階段最長的假期出外旅行，不只是父母必須花些心思，也是孩子們十分熱衷的一件大事。

小孩子到了青少年階段，最大的特色之一就是越來越喜歡跟同儕混在一起，自然也越來越沒興趣跟父母的任何活動。這階段的父母經常感到自己的失落感，甚至忍不住都生氣了。畢竟父母自己好不容易挪出時間、投下金錢，辛辛苦苦安排的難得活動，卻是換來長大的孩子十分勉強的反應。

幾年前我姊姊的兩個小孩上了大學和高中。向來跟著父母玩遍大江南北的他們，開始有同樣的反應。他們對父母的各種提議都是興趣缺缺，倒是聽到我打算自己租車遊義大利托斯卡尼，立刻積極地表示頗爲好奇。

我開始邀他們幫忙設計旅程。當時國內出版的旅遊書不夠時，他們自然翻起我放在一起的英文旅遊指南；當書不夠用時，自然開始上網找資料；當他們開始思考每天行程的安排，包括想去的景點越來越多而必須選擇，也包括每天在何處落腳時，他們自然就學會了看地圖。

那一次原來是兩個人的旅程，加上他們以後，變成六個人了。因爲，連他們的父母也覺得他們的計畫頗有吸引力而加入了。

其實，我從一開始就先徵求他們的父母，也就是我的姊姊和姊夫的同意。他們原本就會同意，甚至也考慮要參加的，只是沒說出口而已。當小孩子們投入的心力越來越大時，做爲父母的自然感覺到自己的小孩不可思議的潛力，當然眞的被吸引了。

那一年我們開著從羅馬機場租來的小休旅車。雖然在離開《托斯卡尼艷陽下》的那個小山城時，車輪開到水溝裡，等待救援的拖吊車找到我們，再到預訂的旅館已經是半夜。不過那次旅程是兩位外甥最常提起的，特別是出小車禍的那段再三提起，永遠還是最有趣的經歷。

孩子長大了，與父母的相處方式往往遭到挑戰。這挑戰看似十分難以招架，其實轉一個念頭就可以了。父母不妨開始將方向盤的權力交出去，讓他們來執行。他們從過去熟膩而開始覺得無趣的被動狀態，轉爲主動，心裡的感覺是十分興奮，好像小小孩有了全新的玩具是同樣的反應。

當然，讓小孩開始規劃旅程，可以循序漸進。也許先讓他們選地點，讓他找旅行社，還有，讓他們瞭解家裡的預算。他們的計畫不可能是完整的，父母自然可以在無形中加入自己的意見；不擅長旅行的父母，則可以尋求朋友的協助。

父母可以做到完全放心嗎？當然不可能。

孩子長大了，父母要有一個心態：如果希望孩子的未來是成功的，當然是要將他們想成孫悟空：既是日行千里的高手，也是經常出狀況的潑猴。然而，父母也要相信自己是如來佛。如來佛是永遠不會有任何被察覺的焦慮，因爲祂相信：孫悟空再怎麼翻轉，都永遠逃不出如來佛的手掌心。

父母可以相信自己是如來佛，是因爲從小到大對小孩的信任和關心，是他們一直以來的安全基地。只要小孩一定有情感的牽絆，一定會在累了或挫折的時候就從外面回來的！只要這個家是打開雙手接受他的。

如來佛眞的不動如山，一點都不著急孫悟空這次的觔斗又翻到哪裡去了？我相信，當年孫悟空拿起如意棒、駕起他的觔斗雲時，如來佛看似輕鬆自在，其實也會偷偷瞄一眼，看看那猴孫又是翻轉到哪裡去了。

當寶貝女兒變成大小姐

最近的一次聚會，幾位朋友聊起這個暑假的旅行經驗。參加豪華郵輪的，或是重返背包客行列的，都有不同的驚奇，教人稱羨。

衆人聊得眉飛色舞之際，一位沉默許久的朋友，卻說出了不同的心情。對她而言，這暑假簡直是災難一場。

她幽幽地、哀怨地說：「幸虧暑假要結束了，否則還不曉得要和我們家大小姐搞多久呢。」

昔日她口中的寶貝女兒，怎麼變成今日讓她急著迴避的大小姐呢？

就像舊日電影「屋頂上的提琴手」裡，在主角女兒的婚禮中，年長的族人圍繞著新人，哀傷唱出的歌詞：「這可是我當年帶的那個小女孩？這可是我當年陪玩的那個小男孩？」

電影描述的是一種歲月的感傷。而我的朋友，這位大小姐的媽媽，除了感傷，其實還有更多的怨，更多的憤怒。

原來，她女兒今年要升高二。前一年升高一，有許多事情要處理；再前一年要準備升學考試，暑假等於沒放。她原本以爲，這是一個難得的完整暑假，所以滿心期待，希望能來一趟像女兒在小學或國中初期那樣的母女旅行。她們可以再去歐洲的某個城市，逛逛博物館，坐在路旁或廣場喝杯咖啡。

沒想到第一個困難是時間，連和女兒事先敲個時間都沒辦法。女兒和同學有很多興奮的計畫，可是都沒有確定的時間。而這些活動沒敲定之前，女兒對媽媽一再詢問何時出發的反應，也就越來越不耐煩。當兩人關係緊張到一定程度時，連地點也是問題了。女兒一個衝動，脫口而出：「幹嘛去那些巴黎、維也納，逛無聊的美術館。別人的媽媽都讓小孩去東京新宿或首爾瞎拚，爲什麼你就不讓我去？」

每一位父母都知道，孩子總有長大的一天；每一位父母也都期盼，孩子長大後有自己的意見。只是，當事情眞的發生時，卻又是如此教人措手不及。原本以爲怎麼這麼久了孩子還那麼幼稚，忽然有一天就長大了。而且，這覺察往往是要經歷許多衝突後，父母冷靜下來，才能慢慢感受到的。

幾位朋友也講起他們的經驗。其中一位甚至說，自己前兩年很少參加老朋友聚會，就是因爲他和小孩的關係太緊張到得了憂鬱症。

一位朋友說，後來他和太太看開了，就開始將家庭活動改爲夫妻兩人的活動，結果跟小孩關係就變好了，夫妻相處的時間也多了。另一位朋友接著說，也許小孩大到一定程度，搞叛逆其實是爲了讓父母再繼續成長，學會不去擔心，學會信任了。

那一天的聚會，我除了旅行，什麼也沒多說。倒是從一整晚的民間心理學（folk psychology），學到了很多專業上的東西。

怎麼說都說不聽的時候

朋友帶兩個小孩去玩具反斗城，挑選新年的禮物。每次朋友總是要求每個小孩只能挑一件，價位是在多少錢以下。這一次也不例外。

「玩具城」三個字聽起來就十分繽紛，連已經是中年以上的我，偶爾在欣欣影城等待電影放映時，偶爾拐進旁邊的玩具城，經常是流連忘返，甚至看完電影再回來逛逛。

我的朋友說他家每次一去，總是不容易離開。這次也不例外，兩個小孩一到玩具城果眞一下子就跑得不見人影。

小的那位，才六歲大，沒多久就帶來一個炫眼的太空槍，LED燈五光十色的，聲音十分清晰響亮。可是哥哥還沒回來，弟弟拎著他的玩具紙箱，卻急著要拆開。朋友只好帶著他先去結帳，讓正興頭上的弟弟先去享受他的新年禮物。

十歲哥哥玩這個挑玩具的遊戲已經好幾年了。一年又一年的學習，他知道自己回去以後，總是遺憾選錯玩具了，永遠是那一個最後放棄的玩具是回家以後最懷念的，所以也就懂得慢慢地挑。要一種超炫功能的遙控車呢，還是掌上型的遊戲機呢？前者實在太炫了，拿到學校同學一定都搶過來看；可是前年也買一台遙控車，沒兩個月就壞了。但是遊戲機呢？好多同學都有了。

哥哥還在猶豫，弟弟也拿著槍靠過來了。朋友知道，小的這位已經漸漸對他的新玩具不再興奮，才會想起來自己是一個人落單，於是走過來找他們。弟弟盯著哥哥在挑選的玩具，又看看四周的玩具，好像剛才都沒看到這些新玩意似的，眼睛也就亮起來了。他開始東摸摸西摸摸，索性連槍都放到地上了。

哥哥決定要遊戲機了，因為「同學有的，我也要有」。哥哥雖然還是念念不忘那台遙控車，終究還是放棄了。倒是弟弟開始說他想換遙控車，不要太空槍了。朋友跟他解釋買過的東西不能隨便退，弟弟似乎有點懂，但馬上又說不然當兒童節禮物先買了。朋友開始不耐煩了，從口氣可以感覺出來自己的生氣，還是繼續搬出一開始就說清楚的「一人只能買一件」的原則。

弟弟在爭取的過程，一開始是啜泣，然後掉淚，最後堅持也不成時，整個人開始賴在地上，歇斯底里地手舞足蹈地大聲嚎哭，恁哭聲越來越拔高，最後變成尖叫的嘶喊聲，幾乎玩具城的人都聽見了。朋友原本還不知不覺地淹沒在自己越來越高漲的氣惱中，忽然才感覺許多視線朝自己的方向望過來。原本各逛各的顧客，似乎全都瞄過來要瞧個究竟，甚至一些小朋友就直接跑過來圍觀了。朋友覺得十分不好意思，好像自己在公眾場合虐待兒童似的，就要激起公憤。

這樣的情形已經是不止七八次了。

上次朋友曾提到這難堪，我給他一些建議過，他這時似乎還記得也就去試試看。

先是停止跟孩子說道理。任何人，不只是小孩，情緒高漲到一定程度，是無法做任何理解。這時說道理，只是讓他覺得被指責之類的，更讓他情緒繼續漲。

再來是用力地抱來約束小孩的手腳。六歲的小孩有點大了，抱起來都不容易，更何況一手要抱住他的手而另一手要抱住他的腳。但只有緊緊抱住他，抱緊到讓他一點掙扎都沒辦法，他才開始放棄掙扎，然後才會慢慢平穩下情緒。

這時候，大人臉上的表情要盡量是心平氣和，眼神充滿關心。如果是生氣的眼神，上述的「抱」就變成「綁」；但如果是心平氣和，當孩子逐漸平靜，開始對外界的訊息有片段的接收時，他第一個理解將是有人在他很失控時還是「抱」著他。

然後，這抱的力量隨著掙扎減少就開始放鬆，同樣也是讓他不覺得被處罰了。

最後等他平靜一段時間後，才回過頭來討論發生過的事。

朋友回家以後，有點興奮地打電話給我，將整個處理的過程講了一次。雖然有些細節是疏忽了，但對我這位朋友來說，他自己不只是多學習了一個技巧，似乎也領悟了許多。

他在電話那一端，說了許多以後，忽然問起：「但是小孩太大了，抱不動時怎麼辦？」

我告訴他，其實青少年也是一樣的原則，包括情緒高漲時不再多說話，等大家都平靜了再說道理。只不過，這時我們不再用雙手、用力量來抱住／綁住他了。我們用關心，用非語言和語言的溝通，來完成這樣的效果。

當青少年小孩和我們發生衝突時，在他奪門而出那一刻，或是在久久以後才偶爾電話連絡，所有的溝通訊息都暫時僅限於兩種功能：「關心他」和「歡迎他回來」。大部分的時候，這兩種功能最好是不要說任何話，只是透過專注地傾聽來表達。如果眞的非說話不可，那就盡量短也盡量少。比如說：「還好嗎？」、「照顧好自己」、「想回來就回來吧」這一類的話，也就夠了。如果說話可以有效果，這也就有最好的效果了。

什麼都不聽時，不說話卻又能讓他注意到的專注傾聽，就是最好的方式。這看起來啥都沒做的方式，其實是父母最難做到的層次，確實是不容易的功課。

慢慢聽他說

彥樺是一位高大的男孩子。他走進會談室的那一刻，房間有忽然塞滿的感覺。爸爸表示，他們家族的個子都大，身高都一八〇公分以上，骨架也特別寬，一家都是天生籃球的中鋒。

爸爸講到最具破壞力的籃球中鋒時，可以察覺談話那一刻是遲疑了零點一二秒吧，他的眼神忽然偷瞄了彥樺一秒，似乎擔心啥似的，然後才又繼續他的談話。

「好像想到什麼，讓爸爸稍稍遲疑一下。」我趁爸爸停頓換氣的時候，插個話。一方面是提出可能可以將話題再深入的問話，另一方面也是擔心爸爸的滔滔不絕，急忙打斷他的話題，怕其他人開始不耐而拒絕原本預期的互動。

會談室裡還有媽媽和彥樺，再加上治療師我，其實總共有四人。我們這一天談話的過程，其實是十分典型的家庭互動過程。

當初媽媽提出全家尋求專業一起來談話的理由，是因爲父子兩人講話發生火爆氣息的場合，似乎是越來越容易了。當然，這樣的提議，一開始彥樺不同意，爸爸也不同意。他們的理由倒是一模一樣：「我又沒有錯！」但是，一次比一次激烈的衝突後，兩人似乎也感受到連自己也沒預期到的火氣，也就慢慢默許了。

彥樺高二了。家裡開始充滿火藥味是兩年前開始的，當時正要從國三升爲高一。爸爸沒察覺自己對彥樺學測努力兩次的結果其實是失望的，在一次又一次談話，不經意地對彥樺考上的那所高中，總是流露出不屑的口氣。終於，向來不應聲被認爲是內向沉默的彥樺，忽然開始抓狂了。從此在家裡，爸爸每次講啥的，不管講啥的，彥樺都嗆聲回去。

這是媽媽約診時，在電話裡依自己的觀察所提到的。在約定的時間開始會談時，我先問起今天聚會的目的，在場的四人一開始都沉默，焦慮許久的媽媽只好先開口，她又講了一次。

媽媽還沒說完，原本不講話的爸爸就揷嘴了：「有嗎？是這樣子？我們這兒子本來就誰也不怕了。」兒子皺一下眉頭，沒搭腔，爸爸這一邊似乎有某種默契，也就一直侃侃談下去了。

籃球中鋒的問題，其實是彥樺在會談過程中第四或第五次對爸爸的談話表示不滿了。一開始我觀察到了，但不太敢確定，再加上對於這個家庭的瞭解，我還需要對他們的互動觀察更多一些，也就沒做任何反應。

在會談室裡的互動，不可能跟家裡一模一樣，因爲多了治療師這樣的一位外人。不過，如果治療師可以先不著急登場時，還是可以呈現出和家裡相近的互動過程。彥樺他們父子在家裡的互動，恐怕也差不多是這樣。只是多一個外人，大家開口會慢一些，而彥樺的忍受度也暫時會增加一些。當我終於開口問話時，彥樺已經用他的坐姿和表情表示了四、五次的不耐煩：如果在家裡，恐怕早就嗆聲回去了吧。

「好像想到什麼，讓爸爸稍稍遲疑一下。」

我是這樣問話的，而爸爸忽然被打斷，想了一下，沒有表示。我進一步再用眼神向彥樺邀約，但他似乎也不習慣，低下頭去，彷如沒看到我的示意。我於是再開口，平靜而不經意的口氣：「彥樺，都是爸媽在講，你要不要說說看？」這時會談室陷入沉默可能不只一秒，每一個人都感受到壓力，性急的爸爸忍不住要開口好幾次了，還是讓我用手勢的暗示將他壓下去。

然後，彥樺終於才吐出幾個字，慢慢的：「也沒啥啦。」許多青少年的談話熱身是很慢的，像曇花開的速度一樣，在一開始時，是一瓣一瓣慢慢開展，然後才迅速盛開。當彥樺講得更急切時，爸爸媽媽雖然不全然聽懂，至少是更清楚彥樺的想法了。

彥樺想說的是，他知道當提到中鋒這件事時，爸爸心裡是閃過說錯話後悔而遲疑一下的念頭。從小爸爸就嫌他反應慢，嫌他不會打籃球，空有家族高大體格的遺傳卻沒有運動細胞，是家族裡唯一一個不是籃球中鋒的人。

我慢慢引導，他更清楚地表示，自己最容易生氣的事，就是爸爸總喜歡用諷刺的口氣說他。每次明知爸爸是想激勵他，可是一聽到他用諷刺的口吻，忍不住又抓狂了。

如何放心，讓他飛翔？

小熙的父親昨晚深夜來過電話，我沒接到。我是早上看到手機紀錄才知道的。

早上起床是早的，還不到七點，這時回電話又怕吵醒小熙一家人。不過，我猜想，恐怕是小熙昨晚終於離家出走，慌亂的父母折騰了一整個晚上吧。手機是六通未接來電，從晚上十一點半到清晨四點。聽聽手機的留言，果不其然，是昨天晚餐時一次嚴重的衝突後，回房間關起門的小熙，不知何時離開了家。

小熙會去哪裡呢？這個寒流的晚上？

第一次見到小熙是三個禮拜前，一眼就是那種乖乖努力唸書的好高中乖學生。以高三學生來說，他其實是羞澀緊張的，但說起話來已經有條有理了。陳越熙，這是記錄卡上的名字。不過，他父母總是「小熙」、「小熙」地稱呼他，我也就依樣畫葫蘆了。

小熙的高一和高二成績十分傑出，可是這學期升了高三開始經常頭痛無法上學。眼見學測即將到臨，遍訪內外各科名醫的父母，最後才不得不經由輔導老師的介紹，帶到台大醫院找我門診。

三人一起走進我門診的第一剎那，我就決定要父母會談到適當時候，讓他們先出去外面，只留下小熙。

經驗使然吧。從他們進來剎那的非語言訊息，直覺上就知道父母的強勢。我們兩個人單獨的談話，是從他的頭痛，談到他爸爸是如何粗暴地拒絕他想休學或延畢的念頭。

第二次的會談，父母還沒經我同意就衝進來了。父親十分忿怒的口氣說：「醫生憑什麼跟小孩『洗腦』？」忽然來的興師問罪，我一下轉不過來。原來上次會談後，頭不再痛了，小熙更清楚地表達不參加考試了：因爲不知道自己爲什麼要讀書。

父母認爲都是我施了魔法，一次的接觸就讓小熙改變了，也就不准他再來見我了。我聽了這對父母義正嚴詞的道理，只能無奈笑笑。我知道問題會更嚴重，但也知道在這一刻所有的語言都無效的。只能在最後告訴這對理直氣壯的父母說：「萬一哪天有我幫得上忙的，還是歡迎回來，不必擔心今天的緊張氣氛。」

父母其實也是不容易的行業。

開明也好，保守也好，父母總不自覺依循自己父母的教育方式來教養。雖然自己父母當年讓自己不滿的地方，不會再出現在自己教育子女的方式上；

再加上媒體上各種親職談論的提醒，有些許的修正，但這兩者可能只占一兩成。大部分的教養，是父母不自覺地反應出來，也就像極了自己父母當年的方式。父母以爲自己改變很多，其實這改變是十分有限的。

於是就像當年父母的父母認定外面的世界是危險的，小熙的父母也認爲果眞不安全。雖然常常父母是瞭解出去的必要，但卻學不會如何放心。於是，小熙想飛出去的慾望被不同的理由一再延遲。然而小熙最後眞的飛出去了。

我傳一個短訊給小熙的爸爸，整晚六通電話必定是急壞了。

我也傳一個短訊給未接電話的小熙：「辛苦了，記得要好好照顧自己，累了就找地方休息。如果可以，傳一個短訊給爸媽，也給我。你知道，必定是會擔心的。」

我不擔心他的安全，因爲，我知道每一個乖小孩其實都比我們更畏懼這個世界，一切判斷也就更謹慎，所有的決定他們自己其實是更焦慮不安的。我只想問：不曉得這一個晚上在外面的飛翔，小熙勇敢撲動自己的翅膀後，感覺如何？在黑暗中，他又遇到哪些讓他更成長的光和影？還有，酸痛的翅膀又帶給他怎樣的新的想法？

孩子需要的冒險

寒冷的季節，雖然冬陽高穿透的紫外線讓戶外的天空特別地藍，室內卻仍然一陣一陣的寒意。會談室在這時候最尷尬了。如果只是這樣坐著，寒意開始從兩腳逐漸升起。可是，又怕開了電暖氣，催促了這溫度，讓這場會談的張力迅速突破而爆炸。特別是那天的會談，兩個垂老的父母和四十歲出頭的兒子。

「你們總是對待我像小孩。中午家族聚餐時，堂弟媳一直幫小孩將肉切小塊，其實小孩一直說夠了夠了。小孩已經七歲了，爲什麼沒人相信他可以吞下那一塊肉？我的情形就像那小孩，從小就沒人要相信我的意見。」從澳洲回來過聖誕的兒子，忍不住燃起話題。

這是一個華人的心理諮商室，正處理一個我們社會裡典型的問題：究竟什麼時候，父母應該和小孩適應地開始分離？這一個分離的問題，其實是可以從三個方面來思考的：父母、孩子、和孩子終將離開父母而迎風飛向的那一廣義的社會環境。

孩子們所錯失的……

寒流來臨，除了心理諮商的工作，幾乎都縮在家裡看書，這些年來出版業太發達了，每個人手上都有一堆很想看卻沒空閱讀的書。有一悠哉的假日，我一口氣看了三本書，其中一本太精采了，是關於這時代小孩子的《失去山林的孩子》（野人，2009）。作者理查・洛夫（Richard Louv）原本是一位專業記者，也是環保工作者，後來投入兒童的自然權益工作。

在理查的觀察裡，現在的小孩越來越沒有機會走入自然，因爲在自然玩樂被非法化、時間壓力化，缺乏親近大自然的教育思想，和對大自然的莫名恐懼。他甚至引用一些臨床研究的結果，發現綠色環境接觸的多寡，是和小孩大腦的發育有關的，因爲大腦相關的心智疾病，如注意力缺失症，是可以因此明顯改善的。

這也讓我想起另一本書《喜悅的腦》（2010，心靈工坊），加州大學洛杉磯分校的精神醫學教授丹尼爾・席格（Daniel J. Siegel）所寫的。他主要是談心靈的力量，包括冥想等等，是如何改變大腦。然而，這概念是延續自他多年以來的相信：孩子日益減少與人的接觸，將降低大腦的許多功能。

理查講的是孩子與大自然的接觸，而丹尼爾則是強調孩子和人們的接觸，這些都是過去的心理學未曾發掘的議題。

每年我都以小團體來督導台大醫院精神科第三年住院醫師。前一陣子，新舊交接，我例行和新的一批稍稍個別交談，發覺這一年的幾個醫師剛好都是從小就在城市長大的。雖然他們有的喜歡旅行，有的早已立志到鄉間當精神科醫師；但是，總還是對他們缺乏與大自然、傳統社群的接觸，感到有些遺憾。

經常在會談室裡，傾聽比我年輕的個案敍說著他們的成長過程、他們的童年，以及他們國中以前的生活，總會讓我自己感激幸虧出生在台灣經濟還不甚發達的鄉下。這樣的環境，提供我像馬克・吐溫筆下的頑童湯姆，有一個足夠的田野和山林可以去冒險，有一個足夠大的小小市街可以去迷路。

我還記得在一次會談裡，一位個案告訴我他冒險歸來的興奮感，他的雙眼露出會談許久以來從沒有過的光澤。

適當的冒險與挫折

彥霖是因爲太糯性而被父母帶來會談的。這樣的小孩在心理治療來說，其實是相當棘手的，比自傷和叛逆還不容易，可能也比慢性拒學還難處理。在許多次的父母會談和更多的個別會談後，媽媽同意不再安排每天的接送，也放鬆下課後的課後輔導。幾個月以後，在一次會談裡，不需要太久的暖身，他就興奮地告訴我：他自己那天沒坐公車，從頭到尾用走的回到家裡。

彥霖讀中山北路上一所很好的學校，當時是九年級。其實他家住得並不遠，公車只要三、四站就可以到家了。可是從小司機接送，加上先天內向，他從沒有過與同學一起下課的這類經驗。對他來說，即使只是一個人踏上公車，也是一件可怕極了的經驗。司機不經意地回頭一看，似乎也是會吃人的。在漫長的會談裡，我們經過許多想像的演練，他終於可以一個人坐公車。然後，不知何時，他也試著一個人找路走回家了。

當他興奮地告訴我如何一個人走回家的過程，我刻意地將話題談到路上經過的一些商店，間接鼓勵他開始觀察他走過的環境，因爲一旦可以開始看著對方（環境或人），對方也就不會帶給自己任何威脅或恐懼了。

在我們快結束會談前幾次，他又一次興奮地告訴我如何走進住家附近的便利商店。他第一次一個人走進商店；第一次可以對店員例行清亮的「歡迎光臨」回以微笑。可以慢慢挑選自己喜好的商品；可以在櫃檯前、在店員面前，將找回的零錢算一下，確定正確。這對很多人來說，可能是五歲或十歲就有過而早就忘記的經驗，但對彥霖而言，雖然是十五歲了，但那種興奮，完全不遜於在密西西比河流域冒險的頑童湯姆。

一位被家長認定是網路成癮的個案，重回大學之後，在會談裡向我表示：比起眞正的世界，網路的世界安全太多了，沒有眞正的傷害，覺得事情搞得有點丟臉就再換一個帳號。虛擬世界較少涉及自己的挫折，但他說，眞正的世界，如果可以走進去，其實是好玩很多，難度也高很多。

當然，像彥霖那樣，能夠讓爸媽終於放手，其實是經過一番努力的。我還記得第一次向他父母解釋爲何需要讓彥霖一個人去探索時，媽媽最無法放心的是：他可以保護自己嗎？在很多父母的眼中，他們相信自己的小孩在現在這個社會裡，是處在一個十分危險的叢林。我記得那時媽媽不安的模樣，急著提醒各種危險：「雖然我們家盡量用一般的車子，雙B轎車是一定避開不買的，免得被跟蹤綁架了。但是，醫生你自己在報上也看到了，還是有很多人被綁架了。」

父母會恐懼，是因爲父母關心小孩，害怕小孩有任何危險。只是，父母都沒被提醒：當父母在爲小孩鋪出一條不會摔跤的安全大道，當父母在每次跌倒前就迅速拉住孩子時，其實也剝奪了孩子一次又一次的成長機會。

英國小兒精神分析權威溫尼考特就提出來：「最能促進孩子們成長的最佳環境，就是適當的挫折。」所謂適當的挫折，就是不會大到讓小孩一蹶不振的傷害，像創傷（trauma）一類的；但也不是不痛不癢，完全沒成就感的老把戲。

然而，父母要怎麼斟酌呢？

放不放手，永遠的考驗

再回到那一位四十歲出頭的個案吧。他抱怨著父母老是不讓他自己做主，不信任他可以做任何事。其實他在澳洲是表現不錯的，收入頗豐富的專業人士。我從沒想到，原來父母當年的不敢放手，還可以持續到一切成長乍看都十分成功的中年階段，甚至繼續作用，變成孩子內心對自己的不確定感。

我告訴父母，也許該看看這許多年來他一個人的成就，應該給他更多的讚賞。我告訴個案，該上路了，面對的是自己，而不再是永遠不可能改變的童年遺憾了。

然而，在為人父母的這一條路上，放不放手，還是永遠的考驗。

當孩子離家出走

躺上床不知睡著多少時間，忽然手機響起，將自己吵醒了。

身爲一位心理治療工作者，在必要的時候，我是會將手機號碼給家長或個案的。過去心理治療這一專業是不可以擅給私人電話的。但我認爲，那指的是固定住所的傳統電話；而手機則不同。手機可以關掉，可以靜音。通常，我的手機是維持靜音的。我會告訴我的個案或家屬：可能進行會談中，也可能在休息，所以無法立刻回覆，也因此最好傳短訊，我會盡快利用空檔回話的。

而這一次，入睡前我忘記將手機靜音了。響起的手機，黑暗中LED螢幕特別刺眼。我看看來電顯示，是個案文生的媽媽。她不是隨便會打擾別人的，清晨一點多來電一定是有啥緊急的情況。因爲這樣的擔心，我也就接起電話。

文生是一位高三的學生，就讀於一所數一數二的男校。他的個性是很求完美的，上課的筆記寫得極其工整又鉅細靡遺，幾乎是男生中少見的。高一如此，高二如此，成績也就一直是名列前茅。只是，升上高三的暑修，文生開始不想上學。最先是有劇烈的頭痛而請假，待所有檢查結果都沒問題時，他也索性就拒絕上學。

著急的父母問文生怎麼回事，沮喪的他一直說自己很笨，只懂得讀書。除了這點，再也問不出什麼。

這情形在開學後還是沒改善，父母也就在朋友的建議下來找我幫忙。

第一次見面那次，文生是很勉強來到我的診所。會談過程中，慢慢瞭解，向來有些內向的文生內心深處其實是嚮往著課外活動的。他特別羨慕那些可以交到很多朋友的同學，可以帶領大家去這個那個的。他也羨慕那些功課雖然不好，但懂很多課外事物的同學：不管是線上遊戲、偶像劇或文學哲學的，他都極其嫉妒而自嘆不如。

這一次的會談，我雖然試著瞭解他的困擾，讓不擅言語的文生將自己的疑惑整理得更清楚。但是，文生終究還是拒絕來會談。他對自己的未來有很深的懷疑，也就拒絕讓父母爲他的狀況，在金錢或時間上做更多的付出。

下一次會談文生果眞沒出現，我也就趁機會和既沮喪又憤怒的父母做一次深入的會談，提供他們一些可能的想法和做法。手機號碼也就是那一次給的。而這也是僅有的兩次會談。

那一天我接起這一通半夜的電話，焦慮的媽媽急急將事情描述了一下。原來晚上爸爸下班回來時，看到文生又在看電視，忍受許久的爸爸終於爆發，許多意氣用事的話都脫口而出了。受激怒的文生，晚上十點多忽然說要離家出走，就走出門了。他手機沒帶，身上的錢也沒特別多。

我忽然想起那唯一的會談時，文生曾提到自己有一次跟同學去誠品，他很羨慕那位同學很熟門熟路的，什麼書擺在哪裡都知道，還經常半夜一個人去逛這書店。我於是告訴媽媽，如果附近的便利商店等等都找過了，是否要到廿四小時不打烊的誠品找一找。

其實，這可以說是常識了：在台北市，如果有一位所謂的好學校學生半夜離家出走了，幾乎七八成都是跑到敦化南路的誠品書店。

從發展的觀點來說，離家原本就是青少年這個階段的重要發展目標。只是，這個離家因爲幾個因素的影響，而變化成各種不同的面貌。

這位青少年是否天生外向？是否從小被鼓勵向外探索的？他的獨立能力到達怎樣的程度？離家的前提能力是他在青少年階段以前，在出生以後，一步一步累積上來的。

當離家的意願強大到一定程度時，他的環境，特別是他原生家庭中的父母，是抱持怎樣的態度？是支持的？還是反對的？

最理想的狀況是，孩子從小就有適當的向外探索而累積下足夠的能力，於是當他想離家時，他能教人放心。而父母要能放心，基本上要先信任自己小孩的能力。如果這樣，離家也就是被祝福的。

然而，文生也許是天生氣質就較內向，對外探索的傾向也較低，再加上父母從沒主動鼓勵，累積的能力自然是相當不足的。在這情況下，父母對他想往外活動的意圖也就相當不放心，自然有忍不住加以阻攔的反應。

只是，當這樣的意圖一開始萌芽，所有都壓不住的，甚至越阻攔反而越壯大。於是，像文生這樣，半夜跑出去的危機就出現了。只不過，萬一這現象眞的出現了，青少年在沒準備好的情況下就負氣出走，父母其實也不用擔心。在正常的情況下，一個孩子如果是在足夠關心的環境（也就是家）長大的話，他對家也就有一定的安全感需要，他的離家將是以家爲中心不太遠的距離。距離越遠，他的恐懼會越高，很自然又會跑近一點，甚至就回來了。

最怕的就是父母沒好好處理自己的情緒，在小孩回來時反而惡言譏諷，「有膽就不要回來呀！」這類的話，沒經思考就脫口而出。這時，原來充滿恐懼而回家的孩子，不僅沒受到擁抱，反而感覺到比恐懼還更不舒服的羞辱。這時，如果他再一次離家，可能就不會在家附近了。因爲，這時的家再也不是他過去的安全基地了。

每個人都需要可以歸屬的基地

今年冬天是一個特別漫長的寒季，全世界似乎都陷入看不見春天的焦慮。我自己上一週在台大醫院精神科看診時，感覺又有一點感冒了，心情不免有點沮喪。

門診開始，例行有些老個案要求加號，有的是錯過原來預約時間，有的是要調整藥劑，還有的則是許久不見卻又再回來求醫的舊識。小珊也來了，她就站在一群人裡，不疾不徐的。

成為家裡的代罪羔羊

第一次見到小珊是九年前了，當時她高中二年級，因爲一場失戀而不再上學。那時的她，十分年輕也十分倔強，是被父母強迫押到我的心理治療門診的。隨著會談的推進，慢慢地我才釐清原來在更早的國中階段，小珊的情緒隨著父母的婚姻關係的惡化，已經逐漸有越來越多問題了。

那一次會來求醫，完全是學校輔導老師堅持的：一方面是小珊的狀況太棘手了，另一方面輔導老師隱約也察覺這家庭是不好處理的。於是，早就分居一年多的父母，終於因爲小珊出了一個大狀況的緣故，兩個人又像一對夫妻一樣，坐在一起討論一個雙方難得看法相同的問題。

家族治療的專業裡，將這情形稱為「代罪羔羊」（scapegoating）。小孩（從學齡前到離家獨立前都可能）會潛意識裡將自己變成問題，也許是闖禍、也許是生病，而快要分崩離析的家庭因為要解決這個問題，又重新凝聚在一起。

當時的小珊，也許真的是一場同班之戀的打擊讓她不願再上學；但是，我們也可以說，這是小珊對父母之間復合機會似乎越來越渺茫而感到絕望之際，她的潛意識所做出的最後一搏。當然，這種努力終究不能解決問題，父母還是離婚了，小珊也因此進入她漫長的繭居生活狀態。

再見到她時，已經又隔了四、五年了。前一年她以同等學力考上大學卻又休學，即將重新復學的那一個月，她主動向母親要求找我做心理治療。

她和母親之間還是吵吵鬧鬧。每次小珊一鬧情緒，母親就更抓狂，經常兩個人在我診間歇斯底里地衝突，分不出誰才是個案。至於爸爸，我早就放棄了。每次他總是有理由在約好時間的最後一刻缺席，甚至跟小孩約好的聚餐也是如此。

於是，小珊的治療，也就越來越以個別治療為主；小珊對父母的需要，也果然如預期的，越來越轉移到我的身上。然後再隨著小珊在大學和研究所的發展，越來越融入同儕的人際關係，這個依賴也就逐漸轉移。

治療的頻率因此逐漸減少，終於結案。

這一天小珊來台大門診，我以爲又出事了。沒想到輪到她時，她說也沒眞正的事，只不過週末又和媽媽吵了一架。她早已經學會處理媽媽的情緒，只是那天提到一些事，媽媽又作勢要跳樓，她一方面勸媽媽，一方面自己的內心卻覺得好累，好像快撐不住了。於是掛個號，覺得只要來看看我，像過去心理治療時一樣的氛圍，感覺旁邊有個人瞭解她，所有疲憊就可以好多了。

我知道她的意思，也感覺小珊果眞是越來越成熟了。然而，不論多成熟，也許我們都還是需一個讓自己有歸屬感的安全基地，即使是象徵性的存在亦可。

人都會需要安全的基地

成爲父母親，有時十分不容易，有時卻又很簡單。

當父母親和子女之間因爲某些事而有情緒張力時，如果能夠先平靜下來，回到平常依然關心的心情，甚至眼神也是維持著向來的親情，不管兩邊之間原本發生啥事，不管對子女有多少理由生氣，終究會平息，然後再慢慢靠近，恢復原來的親密。

父母要記得自己不再是小孩子了，不要陷入情緒裡而忘了自己的角色。

父母也請記得，自己的情緒將會讓自己變成孩子眼中的危險火山口，而不再是安全的基地，是會將孩子越推越遠的。而每個人，其實都需要安全基地提供歸屬感。

父母自己雖然也需要，但千要不要期盼子女會先平靜下來講理而成爲自己的安全基地，因爲那就如同不自覺地期盼小孩變大人，而自己還是沒長大。

我自己離開醫院開始專門心理治療，雖然已經進入第十四年了，我還是在原來的台大醫院保持兼任身分，維持每週一次的門診。這些年來，台大醫院經歷了許多改變，是一點一滴不知不覺中改變的。而我看診的方式還是盡可能的範圍內保持不變。包括時間，每週固定不變的時段，持續了十四年。關於這一點，我內心深處是感謝自己母科的包容，允許這樣一個宛如儀式的活動，像臍帶般給漂流在外的獨自一個人狀態不知添增多少安全感。

我不曉得是否每個人都需要這樣的感覺？而一個人的獨立，又可以獨立到怎樣的程度？但至少，有人類的文化藝術創作裡，鄉愁、母親或回歸大地這一類主題，始終是人們最有共鳴的欣賞。也許，這也就是所謂的終極召喚吧，是每一個人終身無法去除的，無論他是多麼有成就，無論多成熟。

在這個漫長冬季，在北方的雪國傳來無止境的噩訊時，這召喚恐怕在每人的心靈深處又再次響起吧。

從缺席到太親密

前一陣子，我去國家實驗劇場看法國劇團演出的契可夫「凡尼亞舅舅」。表演並不突出，只是忠實呈現劇本罷了。只是，在小小的劇場裡，遇見許久沒見的老朋友，他們夫妻帶著兩個上大學和高中的小孩一起來看。

隨著年紀，周邊的朋友不知不覺都成了青少年小孩的父親了。他們經常表示要做一位跟自己的父親不一樣的父親，果眞也試著做不一樣的努力。

然而，現代的父親究竟有什麼不同呢？在回答這個問題以前，似乎要先思考：父親的角色中，有什麼是永恆不變的呢？

父親，孩子眼中的第一個人

人類出生到這個世界，開始認識這個世界的過程中，父親是他生命中第一個從一開始就以「個人」的形式出現的對象。這樣的講法，必然會有人問：「為什麼是爸爸而不是媽媽？」

嬰兒認識媽媽（或替代母職的主要照顧人），但它是先認識她的手、她的乳房、她的笑臉、聲音等等，是從部分的片斷開始認識起的，隨著日後的成長才逐漸發現，原來這些聲音、擁抱、乳房、手臂等等，都是同一個人。

嬰兒是先認識媽媽，但爸爸確實是嬰兒第一個從一開始就以「一個人」的狀態所認識的。

因此，在許多層面上，對子女的成長而言，父親有許多的不可取代性，父親是小孩跨入世界的第一個認同對象，父親也是讓小孩明白這個世界（包括媽媽）不是以它們爲中心的，甚至，單單父親的存在就可以對小孩的成長產生重要的影響。

時代在改變，但有些問題是不變的，父親的「缺席」似乎是現在仍然常見的狀況。一位在美國長大而回台定居的爸爸，即使工作很忙，他仍然堅持要爲小孩找到週末練球的團隊，因此而跑遍了天母到中壢等地。他說，當年在美國長大，最難過的是週末去打球時，洋同學的父母都在場陪伴加油，只有他一個亞裔球員，自己一個人搭同學的便車去打球，又不得不拜託同學父母再載他回來。當時的他不明白，爲何父母要在正業之餘從事房地產買賣，每個週末總是忙碌整理新購入的舊屋。雖然現在知道了，當時是父母剛移民，急著在經濟上要爲他們創造一個好環境，才在工作之餘又從事房地產投資事業。只是，對他而言，在他的童年成長階段，父母從沒出席過他的比賽（更不提平常的練習了），是一個永遠的創傷。

遙遠的父親形象

父親的缺席似乎是許多人成長過程中的痛之一。

缺席並不一定代表不存在，父親的缺席只是讓子女失去認識眞實生活中的父親的機會罷了。子女心中還是有著父親的形象，也許是能幹的，也許是嚴肅，也許是霸道不講理，也許只是忙碌沒時間，這些父親的形象都是遙遠的形象。

然而，遙遠的父親形象有啥不好？

當感情互動是生疏的，而彼此的期待是不合生活的眞實時，兩人終於眞正相處時，就會出現嚴重問題。如果是近距離地在一起，兩人必然是要經歷許多衝突帶來的痛苦，才能學會重新來過的互相認識；否則，兩個人可能永遠保持一個不可以說破的距離，永遠不再親近。

一位朋友的兒子就要大學畢業了。這些年來事業有所成就的他，暮然回首，才發覺自己連最基本的交談，都不知如何跟兒子說起。我勸說，他們兩人一起去旅行吧，去一個他提出來而你也覺得很有趣的地方。畢業典禮一結束，果眞，他們就一起去東非薩伐旅（Safari）。我相信，這一趟不算短的旅程，他們一定會吵架。然而吵架是好的。當關係深遠的家人可以互相吵架時，兩人的關係開始進入自己的生活世界，開始成爲自己在乎的一件事，然後，關係才可能開始親近。

眷戀的親子關係

即使父親不缺席了，父親又有哪些該注意的呢？

一位母親來到精神科門診，憂心忡忡的表示：「我知道這說不定是我這個當母親的太緊張，甚至是太吃味了。但是，我實在擔心：女兒都已經國小高年級了，但是先生還是陪她一起洗澡。」

另一位父親則很炫耀的表示：「我和女兒的關係是很棒的。她考高中壓力大，就過來找我們一起睡；現在考完了，還說跟我們一起睡比較好，要搬過來我們房間。」

過去是缺席的父親，現在都是出現一些十分眷戀的父親。究竟，在沒有直接的亂倫之下，父女或母子可以親近到多親近？

這個問題的回答，不是可不可以一起洗澡，或一起睡同一張床而已。這個問題的回答，其實是視爸爸和媽媽的關係和媽媽與子女的關係而定。

以一起洗澡這件事：如果爸爸也常和媽媽一起洗澡，甚至是更親密的方式來共浴，而媽媽也常有跟女兒共浴談天的機會，這樣的話，父親與女兒共浴也就不算什麼。

父或母與兒或女的親近可以是無限發展的，因爲親近（closeness）是可以經由各種形式的分享而獲得的。但是父或母與逐漸青少年的子女之間的親密（intimacy），則是情感程度爲依據的；而這情感的程度，是以不超過父母兩人之間的親密爲原則。

如果夫妻關係不親密，但與某位子女卻特別親密，恐怕這情感會絆住子女未來的對外發展，讓他們永遠沒法眞正的離開。

現在的父親有很多挑戰，偏偏有關父職的研究都十分缺乏，恐怕不到母職研究的百分之一。母職被這些衆多的研究說得太沉重，而父職卻又因爲討論太少而越顯得茫然。何況，從缺席到太親密，父親們面對的挑戰，其實是十分不容易的。

與孩子一起做決定

葉廷是星期六臨時加進來的個案，只能排在一大早。這樣的情形不多，只是，葉廷的父親是我醫學院的好友，前兩天電話裡請託的。

原來葉廷今年高三，剛剛才考完學測，正同時準備甄試和申請入學。嚴格說來，葉廷的學測分數並不理想，學校老師是鼓勵他再拼一次指考的。可是葉廷覺得累了，要再衝刺兩個月太辛苦，還是覺得學測就夠了。

葉廷的父親是醫師，在大台北盆地的某個都會社區的一個成功開業醫生，每次我路過拜訪，都只能趁看診的病人和病人之間，簡單聊上兩句。父親自己雖然是醫師，可是從來不要求小孩的成績，只要求他們對自己的人生負責就好了。我常在他家，知道好友夫妻經常向小孩說的「治家名言」：「快樂」和「對自己負責」。

在電話裡，這個開明的老友要我跟他兒子談一談。葉廷的爸爸說，他和兒子談論未來的科系，總覺得兒子還是無法很自在地思考自己要什麼。老友想起去年我送他的著作《我的青春，施工中》「勇於夢想」的那個案例，心想，是不是自己給孩子太多無形的壓力了？於是決定要葉廷來給我談談。

到底要如何和小孩談科系的選擇呢？在學測公布的此刻，這確實是個迫切的問題。

葉廷也好，其他的孩子也好，有一些原則還是相通的。同樣地，過去的親子關係緊張也好，開明也好，也是有一些共同原則的。

在成績這方面，最常見的就是捨不得自己的優勢了。雖然在現代的升學制度裡，盡量是要打破大學科系的排名，只是，在進行推甄或申請入學時，腦海中還是有學校或科系的排行榜順序的。

如果有一科特別高分，譬如英文或數學，往往就忍不住將這一科分數乘三倍的科系優先考慮。或許總成績相當優異時，學生本身也好，家長也好，總捨不得這樣的分數才能進去的科系，譬如醫學系。

只是，每年大學新鮮人因為興趣不合而求助學輔中心或其他資源的，幾乎超過一半都是因為這緣故而覺得自己選錯科系了。他們回想自己選擇志願時，只因為自己覺得進得了大家心目中的好校或好系而讓衆人稱羨，成為當時的決定因素，卻忘了想想自己是否適合這個科系。

如果選擇志願眞的避不開這個因素，至少要想想：自己就算不是很喜歡，但至少是否可以不要在太勉強的情況下繼續唸這個別人心目中的好校或好系？

在孩子這一邊，最常見的是他們不知自己要塡哪一科系。對十八歲的孩子來說，特別是這個普遍晚熟的時代，要他們現在就決定一輩子，確實是太困難了。

有些學生似乎十分堅定自己的選擇，只是比起一生的選擇，他們做決定的方式，對大人來說，似乎太簡單了。譬如因爲哈日或哈韓而決定要讀日文系或韓文系。

對父母來說，這樣的理由或許太短暫了，喜歡Super Junior或Rain只是一時的流行，但學習韓文卻是一輩子的。然而，如果孩子選這系的同時，父母可以告知學習語言的困難，包括一開始需要面對無限重複的無聊，和持續四年而經常遇見瓶頸的挫折感。如果這樣孩子還是堅持自己的選擇，願意承諾未來四年的投入，在大學將畢業時，自然就會有新的方向。

大學學習什麼，其實是沒有決定性的重要；反而一個孩子在成爲大人的這個階段，願意做出承諾，也願意爲這決定持續努力四年，這樣的態度才是對他的未來有眞正決定性作用的。

自己想要很多而無法決定的孩子，也是同樣的原則。選擇的過程也許有不同的考量，不同時間也會湧上不同的想法，也就不會有永遠滿意的選擇。這樣的孩子其實還在探索，他們需要對這世界累積更多的理解。既然只能選一個校系，任何校系也就都一樣。大學生涯選擇這系的專業課程，讓小孩有上述的態度，同樣地，大學生活也是他們需要去探索世界的最佳基地。

至於不曉得自己要什麼的小孩，又有不同的思考了。同樣地，身為父母，關於志願，也是有很多的功課要做，但也是很好的學習機會。

葉廷是清楚自己興趣的，他和我的談話也自然就志願的選擇談到父母去了。托爾斯泰偉大小說的《安娜・卡列尼娜》一開始說：「所有幸福的家庭都是一樣。但不幸的家庭，每個都有自己的故事。」然而，和葉廷談過後，我忽然有這樣的想法：原來幸福的家庭也有各自不同的故事。

孩子的時間管理

陳先生專程向公司請假，來參加兒子的會談。離上次見面已經是半年多了，原本和他衝突不斷的小豪，似乎也越來越少有磨擦，而成績也全都過關了。

小豪是高一將升高二的學生，當初父母會安排會談，全然是高中剛入學時，第一學期功課被當掉幾乎快一半了。成績不好、摩擦和心情沮喪三者之間惡性循環，問題也就像滾雪球一般，迅速變嚴重，短短一學期整個情形就壞透了。

有了那一次經驗，難怪爸爸如此著急，連上班都可以擱一邊了。

放暑假以來，已經是第二個禮拜了。忽然不用去上課的小豪，開始晏起，而且，有一天比一天遲睡的傾向。上次我和小豪約早上十點，卻遲了半小時才到，原因就是太晚起床了。

向來行動力迅速的爸爸，立刻感受到問題的嚴重，也就快快來到這次會談。

青少年的暑假，乍看是平靜甚至是愉悅的，但其實不論是對父母還是對當事人經常都頗具挑戰性。

一個人學會管理自己漫長的假期，其實是要經過許多年的嘗試。身爲父母的我們，如果定下心來回想自己當年如何度過暑假的，自然會想起從中學到大學，除了少數人可能因爲家境因素而不得不打工以外，其實也是自我管理不佳的。

我記得當年還是學生時的自己，每次暑假來臨，總有一堆閱讀、創作和旅行的計畫；可是在暑假將結束時，卻總是後悔自己又浪費了兩三個月的美好時光。直到大四升大五那一年，自己才做到計畫的七八成，也就有了唯一一次的自我評價尚可。只是，那已是最後一次暑假了。後來的暑假都是醫院見習和實習，頂多休息一兩個禮拜而已。

市面上有許多談時間管理技巧的書，但是，時間管理的需要如何產生和相關的能力如何培養的討論卻是少見的。

青少年是否有足夠強烈的動機，想要好好利用這個難得的假期？如果有動機，那麼他對社會認識的程度是否足夠提供他找到足夠的夢想？這兩個問題是父母希望青少年能安排自己的暑假活動時，應該考慮的。

有的青少年十分糯性，自發性的動力相當低；有的則是十分內向不安，他的焦慮是如此強大而不敢有任何夢想。

面對糯性的青少年，父母恐怕要主動提出一個暑假計畫，要小孩去遵守。

因為缺乏自發性是長遠的問題，不是三兩下就可以改變，當然短短一個暑假是不夠的。面對糯性的小孩，原本父母應該是放慢自己多讓小孩自己來。暑假雖長，可是還不足以培養小孩的自發性。小孩的自發性是要好幾年的等待，包括伴隨約束父母的急性子，還有，提醒自己要不斷正向回饋。

如果是內向、害羞、社交能力不足的青少年，父母挑戰可大了。他們可能說「無所謂」、「無聊」這類的，也可能說急著想要有很多活動，讓父母招架不住。

這時，父母要慢慢引導他們說出自己的想法：想學樂器、想跳熱舞、想要一大堆的。他們也許講很少，也許講很多，但永遠都是社會常識不足，所以父母要適當地提供一些建議。因此，我們可以和他們將這些願望列出來，父母再慢慢引導加上一些他們不知道或沒想到的活動。再下一次，才是將這些活動組合起來。

至於那些計畫很多，只是執行力不佳，時間管理有問題的，至少還是會去參加一些同儕活動的，要不要跟他討論，也就不是那麼絕對了。畢竟，今年貢寮音樂祭裡，擠成一堆的五十五萬人，也許他就在其中了。

鹽分地帶的爸爸，北京的遼寧媽媽

一個朋友利用父親的周年祭日，開車帶著女兒回到台南鹽分地帶的故鄉。他沿途介紹南鯤鯓在內的各個廟宇，介紹黑面琵鷺，也經過了烏腳病王金河醫師的診所。他指著王醫師的診所說，那年他跟女兒一樣大，發了一場從沒有過的高燒，去年去世的那位祖父騎了好久的腳踏車才到這裡。還有這些美麗的黑面琵鷺，其實是討厭死了。初中的他被迫要一起出海，在烈日下的海面勞動，覺得那些四周吵鬧的鳥兒是全天下最醜的生物。還有，從小在南鯤鯓收驚拜拜祈求每一次的大考。

太太其實是不高興的。在台北長大的她其實是十分不適應三合院那種擠在一起的大通舖，蓋著有陳年潮氣的硬棉被。她說，私立小學的功課那麼緊，幹嘛還請兩天的假？

我的朋友知道，特別在父親去世之後，他瞭解自己內心深處的空洞是因爲大學畢業了，早已忘記有這一片故鄉。這裡的貧窮、迷信和莫名的熱情，一直都是離開去南一中以後就覺得十分困窘的。他知道，他一直在逃，逃離一切他不曾察覺的自卑。

現在他是所謂的成功了，卻也沒有了生命活力。特別是爸爸去世後，（他說：「天呀！從沒和爸爸好好聊過天！」）他經常早上晏起，看太太送女兒上學後才開始慢慢出門。他聽著太太對女兒的囑咐：功課、作業、一百分等等，忽然覺得女兒是好遙遠的一個人。或者，他是女兒好遙遠的一個人。

就這樣，他決定請假，也不顧太太反對幫全勤的女兒請假：走吧，去瞭解爸爸是怎麼長大的，一個跟你完全不同的世界。

上週到北京，和曾經來台參訪的L教授碰面。她一直說，我安排她到台灣走一趟，比十年的心理治療還更大衝擊。身爲遼寧人的她，既喜歡張學良又氣張學良，因爲他們一家的生命都因此毀了。祖父是日本操縱的僞滿州國高官，許多遠房叔伯是隨國民黨來台的。他們留在東北的一家，因爲日本關係和台灣關係，幾十年來的惡夢讓他們聽到日本或台灣就莫名恐懼。「全家創傷後壓力症候吧。」她自己診斷的。

這一次來台灣，也等於是終於敢去正視了她一直迴避的自己的歷史，但還是有極大的不安。我介紹給她的書，齊邦媛的《巨河流》和龍應台《一九四九大江大海》是勉強收了，至於紀剛《滾滾遼河》這一類的還是婉拒了。沒想到他七十五歲的父親，特地去買了一個放大鏡，一天一夜，邊哭邊看就將《巨河流》看完了。「這就是我們的故事呀！」那一天，四十多年從不提自己過去的爸爸，抓著她，一連講了幾個小時，從祖父的官位，自己的初戀，到台灣的親戚名字，全都講了。

「浩威，你可能不明白，這在我們家族是在我出生以前就是禁忌，根本都沒聽過的。」她說，她一定要好好說給女兒聽。

鹽分地帶的爸爸開始教台北長大的女兒去看故鄉，而且是看她的生命血脈如何流過和連繫起來的故鄉。在北京的遼寧媽媽，則開始說起數十年被視爲禁忌、卻是自己生命故事的根。有根的孩子，才有可以回去的故鄉；這時，不論和父母叛逆衝突時，或是未來徬徨無助時，又多了一個安全的歸屬。

篇二

青春，複雜味

自己是什麼，還沒有找到……

瑞玉走進來時，那一身打扮，任何人都會印象深刻。她穿著黑色貼身的皮衣皮褲、高筒皮靴，再加上一頭抹向後的短髮，整個人像個帥漢子。因爲這身打扮，在會談過程中，我自然會引導到她的性別取向，她也直爽回答：「也不一定，男的女的都可以，重要的是，我是Queen。」原來，她在網路世界的SM社群，是知名的女皇，許多M搶著要找的S。

那一年她才研究所一年級，國內一流的學府。

瑞玉來到心理治療是學校輔導中心建議家長來找我的，而更早以前，主動去輔導中心則是家長求助。

在家裡，她對父母的態度始終是一股不可思議的冷淡，甚至可以說是冷酷態度——當父母忍不住要訓她而擺出權威之際，她是絕不會動手暴力，但就是教人恐懼，連父母都承認的恐懼。甚至在學校也是如此，像一匹孤獨的狼走在校園裡。

瑞玉的功課卻是一直都不錯，還憑本事考上這所大家擠破頭的研究所，而不需有任何朋友幫忙來分享共同筆記、考古題或讀書會之類的。她大學四年也是這般過的，甚至高中三年，沒有同學做朋友，依舊不影響她課業上的傑出表現。

我和瑞玉的治療，是許多年以前的事了。態度上的坦然和眞誠，包括我對她也同樣莫名恐懼也坦然討論，比預期的還快速和瑞玉建立起足夠的信任關係。只是，我的風格太理性了，瑞玉的心理世界還需要她以更感性地去體驗去探索。因此，也就在四個月之後，徵求她的同意，轉給L，一位資深的女性諮商心理師。

危險的叢林，需要永遠小心翼翼

想起瑞玉，是前些日子看瑞典版「直搗蜂窩的女孩」電影試映，裡頭的莉絲・莎德蘭被整個國家體制孤立起來。在幾乎沒人信任她的淸白之際，她一個人必須出庭，甚至必須用自己的傷口去爲自己辯護。當電影的鏡頭落在開庭的法院時，莎德蘭的打扮又回到當初「龍紋身的女孩」一開始時的那種龐克裝扮：雞冠頭髮、全身皮衣，衣服上充滿金屬釘狀物，身上也是耳環鼻環的，而臉龐則是煙薰濃妝。

瑞典小說家兼記者史迪格・拉森（Stieg Larson, 1954-2004）所寫的《千禧三部曲》，也就是《龍紋身的女孩》、《玩火的女孩》和《直搗蜂窩的女孩》，是一部少見的當代鉅作。瑞典已經拍成電影版上映過了，美國跟隨開拍的好萊塢也在兩年後公演。我看的電影是瑞典版的，完全捨棄掉范耶爾家族的故事，只留下與莎德蘭身世有關係的。

在瑞典版的影像裡，莎德蘭的打扮（包括表情）是隨著她的處境而不同的。她的神采和打扮越輕鬆，也是她和外在世界的關係越輕鬆的時刻。只是，一旦這世界對她又充滿敵意，或者她對這世界十分防衛時，重量級的龐克裝就可能上身。

對莎德蘭也好，對當年的瑞玉也好，那一身黑色皮衣對她們而言，就好像盔甲一樣，是身上可以穿的最結實的保護盾。相對地，對她們來說，這個社會就像危險的叢林，是需要永遠都是小心翼翼的。

當年在進行瑞玉這個個案時，對我自己而言是以前沒有過的經驗。治療時雖然似乎平穩，內心其實是忐忑不安的。我在同儕團體裡提出分享，一位專精自體心理學的友人就提到柯赫特（Heinz Kohut）曾經治療的案例，從一開始的穿著給人印象就不搭的感覺，隨著治療後的狀況改善，而漸漸有一致感。

一個人的外表其實是可以看出他的自我發展程度的，特別是從青少年到青年成人的階段。當然，穩重的成人，其實也是從他的穿著看出他的自我的。只是，成人一整身深色西裝和固定笑容所組合成的，是另一種盔甲，除非有敏感的觀察力，只有表相的觀察而沒有語言，是不容易穿透其中的。

皮膚自我，與外在世界溝通的最初痕跡

法國精神分析師安祖歐（Didier Anzieu, 1923-99）提出「皮膚自我」（skin-ego）的觀念，視之爲我們感覺安好的基礎所在，也是我們最初的自戀。皮膚自我讓我們可以持續思考，可以容納自己的情緒和想法，可以提供保護盔甲，可以留下與外在世界溝通的最初痕跡，可以處理不同感知之間的一致性，可以促成自性化，可以支持性興奮，可以恢復力比多（Libido）等等。總之，皮膚自我是內在和外在的中介，是容器和被容物兩者關係的基礎。

皮膚自我是來自嬰兒原始自戀期感覺運動系統的多重分裏長進而形成。對自戀人格來說，他的皮膚自我就不尋常地厚重；對被虐或邊緣人格來說，則是薄到不尋常。

然而青少年呢？安祖歐似乎沒有討論，柯赫特也談得不多。從臨床經驗

來說，青少年這個階段是從嬰兒以來的累積，是開始從家庭轉向社會，也是艾瑞克森（Eric Erikson, 1902-1994）所說的自我認同重新形成。這三個面向在青少年階段開始啓動，而且相互影響，需要許多年才逐漸成形。

於是，青少年的打扮或外表給人的感覺，可能源自從小成長的累積，可能是突然被迫面對社會的不安，也可能是舊知瓦解而新的自我認同還沒形成的階段。

準確地接住真實的自我

卡爾是二十七歲的青年了，可是一身的穿著就像剛剛不必穿制服的大一新生，而且是邋遢無所謂的那種。他國三就到美國讀書，家人也好，朋友也好，都習慣用卡爾這稱謂來稱呼他。

在幾次會談以後，我問起他的穿著。他先說一堆嬉皮精神的大道理，不過我知道這是他用理智化來做自我的防衛機轉。我慢慢再從他的眞實感覺切入，他才慢慢說自己其實在必要時是會適當打扮的。只是，不管穿怎樣風格的裝飾，他自己照著鏡子，總覺得那身影就不是自己，「我眞的不知道自己是怎麼的模樣。」他最後是這麼說的。

我再進一步逼問：「那如果是光著身子，從鏡子裡看到自己，又是怎樣呢？」他想了想，靦腆地笑說自己可能不會要擺什麼姿態的。而且，整個身體對自己而言是更陌生了。

像卡爾這樣的個案其實很多，只不過是他二十七歲了，表達能力轉強，也就敘述得更精準。

很多青少年或青年，其實是有一種常態的完美執著，想要準確地接住眞實的自我。偏偏這是如此困難的一件任務，最後就索性放棄了，乾脆邋邋遢遢的，穿什麼也無所謂。最好是隱身衣，讓別人都看不見自己；沒有隱身衣，就穿成完全不惹人注意的模樣。

這樣的完美執著，其實也可以從他們的房間整齊看出來。

許多父母抱怨小孩子房間亂到極點，認定他們就是不知道讓自己房間整潔漂亮。其實大部分的青少年都是想整潔，甚至是很有自己個性的整潔。只是太難了，去準確抓住自己的個性；還有，要下足功夫做到完美的整潔。於是，整個都放掉不管了。

他們的穿著是要好看，有自己的味道；他們的房間其實是想要百分百整潔又有型。只是，自己是什麼，他們還沒找到。

以前艾瑞克森提出自我認同形成（identity formation），是指青少年期。可是後來他的弟子 James Marcia 以當時男性爲主的美國大學生爲對象，進行實證調查，發覺自我認同其實是二十三歲左右才完成，而不是艾瑞克森以爲的青少年階段。何況，那是七〇年代的研究；在平均成熟速度都普遍變慢的現在，恐怕是要更晚個三五年吧。

要他們找到自己，穿出眞實自我的模樣，原本就是一條漫漫長路。更何況，大人們在這薄薄的一層外在，投入太多的在乎了。這些沉重的力量，從過去的制服到現在在乎別人看法而加諸的干預，其實是已經產生許多的扭曲了。

至於那些內心世界也受大人世界傷害的，恐怕就不是這麼簡單就有機會能見到他們的眞實自我了。那是要穿過陰森叢林，溶化銅牆鐵壁一般的硬實水層才可能有一點機會吧！

失落童年的女孩

倩文是每個人看到的第一眼就會印象深刻的，她天生就屬於影劇圈，高挑的身材、纖細的骨架、九頭身的比例，大眼和巴掌臉。然而，更重要的是，不尋常的自信。她淸楚地安排自己的日子，她投入工作而有計畫地理財，即使媒體三不五時有一些緋聞，大多也是公司炒作的媒體曝光。

這樣一位外在條件完美而內在又成熟的年輕女子，她的人生幾乎是完美的，讓人無法想像任何可能的困擾。因爲是如此，在診療室裡，關於她莫名的憂鬱，我花了好些時間才慢慢理出結構來。

她向來是不相信愛情的。從小，大她沒幾歲的媽媽仿若她的姐妹一樣，兩人經常聊到半夜，相互傾訴心事。媽媽和她一樣漂亮，年輕時就浪漫地結婚了，自然而然地，總不經意後悔沒趁剛畢業那些年多體會生活。

父母的婚姻，在外人的眼裡，其實是幸福的。媽媽雖然遺憾早婚，卻從不埋怨婚姻。倩文的身旁也不乏追求者，大學時代也曾經因爲跟男友分手而大哭一場。可是，她說：「那只是兩人都不成熟，主見都很強，所以才分手。當時失戀雖然痛苦，可是也沒痛到不再談戀愛。」

不想談戀愛，或者，不相信愛情，其實是在那一場戀愛之前就有的信念。

這幾個月，倩文認識一位男性，十分獨立成熟，十分信任倩文的一位工作型男性，是朋友介紹認識的。這是朋友介紹的第N個朋友，她一開始也不介意。

他們就這樣理性地交往。

男孩懂得玩耍和享受人生，也談過幾次戀愛，都是嫌女生太黏人而找理由分手的。而倩文是那種不黏人，一個人也可以過得好好的女孩。

這樣的交往也不算冷淡，甚至在一起時兩人都懂得應時時追求浪漫的生活；而性生活也是十分愉悅的。總之，他倆都覺得這一次會結婚，而朋友們也羨慕他們的幸福。

憂鬱的來襲是不久前的事。

倩文早上醒過來，例行地看看手機，竟然沒有短訊。她反射動作地打電話給新竹工作的男友。男友雖然是高階主管，終究還是朝九晚五的上班族。正在忙碌的男友電話那一頭的口氣像是陌生人，彷如她打了一個莫名其妙的電話。

她一開始是忿怒，沒多久卻憂鬱了。

從來沒人看過她曾經如此憂鬱的。她的家人慌了，男友也慌了，連周邊的朋友都擔心起來。而她自己，掉在憂鬱泥沼裡。她自己，也對自己怎會如此而慌張極了。

跳級略過的青春期

倩文從小就是很有自己主見，也很能夠照顧自己，甚至連弟弟和表弟，也幾乎是從小跟在她屁股後面。她是如此成熟，以至於到美國當小留學生時，不只媽媽將弟弟交給她，連阿姨也將表弟託給她。

至於不談戀愛這件事，她特別聲明說，她可是要結婚的，只是不覺得需要戀愛才結婚的。她說，從小聽媽媽或阿姨的戀愛故事，雖然不可否認有幾分憧憬，但其實更覺得無聊，甚至有些愚蠢。她總覺得一個人就可以將自己照顧很好了，兩個人反而嫌麻煩。

她的青少年是帶著弟弟和表弟，在美國東部的一個鄉下小城度過的。當初安排那裡是媽媽擔心弟弟學壞，特別挑一個亞洲人特少的城鎮，只是轉機不方便，加上她照顧得挺好的，也就越來越少來探望了。總之，在媽媽的感覺裡，倩文好像才沒幾歲就成熟長大了，連青春期都跳級略過了。

申請大學時，一位好朋友想念醫，而她自己沒啥主張，也就跟著申請醫學預科類的大學科系。她的好友沒申請到，倒是她反而申請到了南卡有點安靜的Duke大學。至於小沒幾歲的弟弟和表弟，都迫不及待地跑到他們要的學校：一個去了紐約蘇荷區的帕森思藝術學院，一個則去波士頓的麻省理工學院。

大學畢業，她也覺得累了，父母也心疼她從中學到大學的一路努力卻從不叫苦，要她休息一年再考慮申請醫學院。甚至問她，眞的非醫學院不可？還是這樣就夠了？她想想也對，似乎也不是特別要讀醫，不是非當醫生不可。原本回台灣休息一下的，後來就留下來了。她去爸爸公司做做，去應徵一些跨國公司工作，都順利上了。甚至跟朋友去夜店玩玩，認識一些影劇界的人，也開始半玩票地演戲或當模特兒；開始有經紀公司來簽約，也成了所謂的藝人了。

周邊許多追求的男孩，有的是愛玩的，也有不乏誠懇可靠的，她也淺淺地談了幾個戀愛。慢慢地，朋友圈都知道，她是那一種十分女人卻又不需要戀愛的女人。

成為父母的父母

她回憶起自己最最童年的記憶，那時父母是被人誇爲金童玉女的一對。在那個還沒有兒童福利法的時代，父母不需要考慮是否將未成年小孩單獨留在家裡，童年的她經常一個人待在台北高樓的公寓裡，負責哄哭鬧的弟弟上床。半夜醒來，聽見晚歸的父母在客廳吵架，她躺在床上，有點擔心又不能做啥，只是看著旁邊的弟弟睡得沉穩，翻個身又睡著了。

在治療室裡，她說，其實父母當時還年輕，人生正好玩的時候，當然是沒空照顧兩個小孩。何況，兩個年輕而有個性的人，要在一起，本來就還有很多要學習，吵吵鬧鬧也就免不了的。

會談許久以來，都只是不斷問問題的我，忍不住開了口，說：「怎麼聽起來，妳好像是妳父母的父母，不是他們的小孩？」

她抬起頭來，比平常顯得更大的眸子看著我，一開始還是原本的安靜的眼神，忽然就開始掉下淚水了。她努力要噙住淚珠，眼淚反而更是湧出，簡直就不可遏止。

我知道自己這時再追問任何問題都很殘忍，但是，有時心理治療就是不得不這樣。我看著悲傷的她，緩緩開口：「倩文，妳要不要再想想看：妳這輩子活這麼久了，什麼是妳眞正替自己要的？」

一輩子都在爲別人活的這種古老現象，到了今天，還是經常可以看到的。只是它換了一個面貌，跟八點檔連續劇完全不一樣，也就不好辨識出來了。

不知不覺開始信賴起男友每天短訊帶來的呵護，開始她人生第一次感情上的依賴（而這是父母也沒給她的），當失控地質問今天怎麼沒短訊時，才淸楚地發覺自己掉入了自己向來不熟悉而潛意識也十分害怕的依賴裡。她痛恨自己這種「軟弱」，痛恨自己這種害怕，所有的憂鬱就湧上了。

一個沒有青少年階段的成長經歷，沒有任何讓父母著急的訊號，也沒有讓父母生氣的頂撞，有時，反而是最讓人不捨的生命。

放棄人生的選擇權

怎麼會有這麼安靜而成熟的成長呢？

艾瑞克森在討論自我認同的形塑時，他特別用一個法律名詞「放棄贖回權」（foreclosure）來形容這群從小就淸楚自己人生目標的小大人。他們放棄了什麼贖回權？他們放棄了可以一再探索、嘗試、再修正的這種人生贖回權。這原本是青少年到青年這一階段的特權。他們可以轉系、轉組，甚至大學畢業了卻從事科系完全不同的工作。

在我們的文化裡，經常可以看到像小時候倩文這樣的成熟小孩，也就是所謂的小大人（adult children）。他們其實就是艾瑞克森所說的，在父母功能不足的情況下，不知不覺地認爲應該爲家裡幫一份忙，早早就選定自己人生該扮演的角色，而放棄了自己選擇的贖回權。

只是倩文這次陷入如此不安的憂鬱，卻是要再加上依附理論（attachment theory）一起思考。

約翰・鮑比（John Bowlby, 1903-1990）從動物行爲觀察裡，發展出依附理論。在人的發展過程中，每個嬰兒都是依附著母親或母職替代者而成長的。隨著安全的依附的足夠程度，小孩獨立而分離的能力也隨之發展出來。相反地，如果在成長中，還沒擁有足夠的依附就被剝奪了母親（maternal deprivation），這股被迫壓抑的渴求，可能在人生的不同階段以不同的方式呈現出來。

小大人這觀念原本來自美國匿名酗酒者組織（Alcoholics Anonymous）。

酗酒者在發展他們的自助治療時，發現父母酗酒而長大的子女，他們在人際關係中傾向於犧牲等特色。後來發現這現象並非侷限於酗酒家庭，而是各種原因所造成的家庭功能不足，都會造成子女可能成爲小大人。

從依附理論來說，小大人是沒有足夠的依附就被迫獨立，因此內心深處渴望依附卻又害怕依附必然帶來的依賴。因爲依賴意謂著將自己交出去，是隨時可能被忽略、甚至拋棄的。而這痛楚太強烈了，深深埋在每一個小大人潛意識中，因爲當年獨立的「被迫」過程是太不堪回首，以至於不容易留下任何記憶。

退行成為小孩的姊姊

我告訴倩文，一九九三年台灣施行兒童福利法時，我在花蓮曾經協助過的一對姊弟。他們的父母經年在都市裡做板模工，總是住在工地的流浪工人，小孩只好托故鄉的父母。可是貧窮總是殘酷的，它不止是經濟上的匱乏，也讓人特別容易病痛和衰老。姊弟的祖父母因此經年臥病在床，連三餐都是村裡的鄰居叫姊姊帶些多餘的飯菜回去湊合的。因此兒福法施行時，這對法律上屬於被忽略的姊弟也就經由村長登錄上報，而強制安置了。

寄養家庭原本十分猶豫，因爲一口氣要多兩個小孩；可是聽到才小學五年級的姊姊是如此懂事，祖父母和小三的弟弟都是她照顧的，才放心接受。可是，住進來幾個月後，一切卻發生了與預期全然不同的發展。

黏人的弟弟適應還不錯，倒是懂事的姊姊開始出狀況。

她先是半夜醒來會跑去寄養父母的床上，後來臨睡便賴著不走。甚至出現每天黏著寄養媽媽，寸步不離。終於，寄養父母受不了是因爲吃喜酒的那一晚。

寄養父母原本就有兩個兒子，年紀與這兩姊弟差不多。那一晚寄養父母要去參加喜宴，姊姊抓緊寄養父母堅持要去。他們想，只有一袋紅包，總不能四個小孩都帶去而佔掉半桌，索性就都不帶了。沒想到吃完喜酒，開車回家的半路，看見對面小坡的家門是燈火大亮，簡直嚇壞了。待車到門口，才看見自家大門洞開，而姊姊坐在門檻上。

寄養父母想，是不是自己帶法有問題，才讓小孩的狀況越來越糟？於是透過負責安置的家扶中心，安排了一次個案討論會。這也是我遇到這對姊弟的緣故。

我告訴寄養父母，不是帶法有問題，而是他們帶的好極了。

姊姊是典型的小大人，還沒擁有足夠的依附就被迫要成熟了。然而，來到這個家，因爲寄養父母創造了一個讓她可以完全放心的環境，她潛抑的依附需要被釋放出來，舉止才會開始變得十分小孩子，也就是所謂的退行（regression）。

崩潰的必要

英國兒童心理大師溫尼考特就曾提出「有益的退行」這一觀念，認爲「欲求（精神分析式的）治療有效，必須讓退行發生以尋求眞我。」這對寄養父母雖然沒任何專業，但他們單純的眞誠和韌性，對這個姊姊卻產生了治療性的改變。

在討論會裡，我告訴這對父母，再給這姊姊幾個月吧。這麼大了，都一米五高了，像娃娃一樣纏著人，也許不會可愛，甚至有時都要教人窒息了。但再幾個月，姊姊依附的需求有一定的滿足了，原來姊姊成熟的那一部分就會回來的。

我告訴倩文這個花蓮姊弟的故事，然後說，關於倩文的不安和憂鬱其實是一件好事。

我說，我不知道是男朋友的什麼特質，還是倩文自己內在的自我探索越來越成熟了；總之，從小是小大人而害怕依賴的倩文，在不知不覺的情況下，願意將自己假我的盔甲卸下，願意將自己交給別人而不再靠自我掌控，是一種將自己放在崩潰邊緣的冒險，自然有一定的不安和憂鬱。

溫尼考特也曾說過：「要崩潰需要極大的勇氣。」他說很多人害怕，因此選擇「另一條路是遁入正常（flight into sanity）」。

而倩文是勇敢的，不只是敢去面對自己眞實的需要，更是她這樣一輩子總是理性掌握一切的人，竟然願意縱身投入不確定的海洋。

只是，不曉得是因爲愛情才讓人奮不顧身地去信任，還是因爲信任才讓人敢如此去愛，這一點恐怕是永遠不得而知。畢竟我們對愛情的瞭解，實在是太有限了。

關於這一點，我並沒告訴倩文。我只是告訴倩文，妳可以像以前一樣，很理智地因爲不要任何不安而放棄這次愛情，妳也可以在未來找到一個很好的人結很好的婚姻；只是，妳會很淸楚自己沒有眞正戀愛過，除非經歷同樣的瀕臨崩潰的不安。

我不曉得倩文是否會告訴她父母這一切。當年他們的放心，對小小年紀的倩文就委以重任，其實幾乎是毀掉了倩文親密關係的能力。

永遠失落的愛情

「生命中總也有連舒伯特都無言以對的時候。」

這是一句被引用太多，卻總是仍能讓人強烈感動的話。

很多關於命運的詞句原本就十分浮濫；甚至，連「命運」都是一個通俗到熟濫了的名詞。只是，坐在診療室裡，面對某些個案的某些片刻，很自然地就會浮現這些句子、這類字詞。

一九九九年初，開始在某癌症中心看診，成爲院裡唯一一位精神科醫師。門診剛剛開張，一開始個案不多，大多是各科醫師轉介的。

月妹，三十三歲女性，因爲她的主治醫師轉介而來到精神科門診。問她轉介是怎麼回事，她說她也不知道。那怎麼開始看診的？個案回答的同時，我也翻起病歷。原來是約四年前發現乳房腫塊，從媒體知道這家醫院就來求診。醫師建議開刀並進行化療，個案沒多想，就答應了。她說：「醫師眞好，當時還勸要不要找另一家醫院，問看看有沒不同的意見呢。」

基本檢查完畢的當週，她就開刀了。「毫不猶豫？」我開始有些觀察，試探地問句話。她回答：「這種事還猶豫什麼呢？」開完刀，接受完整檢查，確定沒有遠端淋巴蔓延，化療也就開始了。一切結束以後，規矩的門診追踪就靜靜地遵守著。先是兩個禮拜一次，然後一個月一次，三個月，再來是半年。

半年前是第一次隔半年檢查。一切都很好，沒有任何癌細胞可能的踪影。然而，這一次檢查月妹自己提早半個月來了，因爲腋下摸到硬塊。她的醫生安排了一連串的檢查，發現不只是胸部淋巴有多處蔓延，肝部也有陰影，骨掃描也顯示至少有四處陰影。後來我遇到這位婦產科醫師，他自己都說自己當時都愣住了，甚至還有一股說不出來的自責：原本狀況這麼好的一位病人，而且是這麼合作、努力而安靜的病人，忽然一下子就嚴重蔓延開來。

月妹沒有太多猶豫就接受進一步化療的安排，即使醫師說嚴重副作用可能是數十倍超過前一次化療的不同藥物。她答應的如此容易，就像當年開刀的速度一樣，反倒是主治醫師暗自擔心，也就建議她來精神科。她沒多問任何一句話，十分馴服地自行去掛號，就走進來了。

原來她眞的也不知道爲什麼要看精神科。不是崇拜或依賴她的婦產科醫師，她只是對任何專業或任何有道理的事都安安靜靜地接受，然後執行。

月妹在中部鄉下的一個客家庄出生，上面有兩位哥哥，分別大她三歲和兩歲。升國中那一年，媽媽得了癌症沒錢做進一步的醫療，大部分在家裡休養。爸爸爲了沉重的家計到北縣的工地從事建築零工，臥病的媽媽也就由他們小孩三人一起照顧。後來兩個哥哥陸續畢業，也到了台北工作。升國三那一年，爸爸在工地意外摔死，沒半年媽媽也因病情加重離世。月妹孤零零地參加完畢業典禮，一個人就上台北開始也在工廠工作。

上台北工作十分辛苦，但至少有兩個哥哥一起住。特別是哥哥們決定自己也開始創業承包一些案子，買了第一台機具開始在租來的住家努力。哥哥他們很打拚，也能幹，她這麼說著。其實，她自己扮演的角色也很吃重，從勞動性的工作，輪班看機台這類的師傅級的工作，到會計財務等等，都承擔下來。三個兄妹最後在三重有了一個自己的工廠，而且，越來越具規模。

工作很辛苦，卻又過得很快。兩個哥哥都是木訥寡言的，即便後來有了七、八個工人加入，在家裡或工廠（其實是樓上樓下），大部分的日子也就安安靜靜的。直到台灣的環境保護相關法規越來越嚴格，他們這家類似電鍍的高污染工廠，也就不得不搬到大陸去了。

兩位哥哥問她要不要一起去創業。當時，大哥已經結婚（大嫂原本是工廠的會計，她手下的員工），她覺得他們不必然需要她的參與，何況自己也快卅歲了，創業原本就不是她的興趣，也就表示要留在台灣。

快卅歲了，從國中畢業的十五、六歲做到現在，攢的錢似乎也夠一輩子花了。月妹說，連一場電影都沒看過的她，當時只想要好好休息，開始過過大部分人過的日子。她在北投買一層公寓，開始安排學插花學英文，還在注意其他的活動。然而這樣的日子不到一年，就發現乳房硬塊了。

沒有太多憤怒或沮喪，日子還是一樣安安靜靜，只不過是例行的插花課變成到醫院的固定報到。

順著我在這過程中偶而好奇地進一步詢問，她陸續將這一切說出來。一切如此流順，雖然她也沒急著講，可是也沒有任何一個話題是教她特別敏感的，彷如在講一個遙遠的故事。我忍不住說：「妳向來都是這樣平靜，即使是連我都覺得難以承受的悲傷？」她才忽然看著我，眼眶有點影子，但是沒有眼淚掉落。我進一步說：「也許是這樣的緣故，陳醫師才要妳來掛精神科吧。」她沒有回答。

門診個案雖不多，這會談也快一個小時了。我知道外面的個案已經有些不耐煩，決定結束這會談才說了這些話。適當的同理，讓她稍稍感覺一下自己，也接受這樣的會談。因此，安排下一週門診的早上八點半，再談一次，她也就同意了。

第二次的會談我開始問起月妹的家庭，她心目中的父母：認命、內向、寡言，卻十分關心他們小孩。她說，爸爸是凶一點，可是媽媽生病以後脾氣變了不少。

我進一步問起她的成長和個性，在讓我瞭解的同時，也讓她自己瞭解：媽媽的個性和家裡的經濟環境，讓她的個性原本就是沉靜認命；媽媽突然生病以後，再加上家裡突然的混亂和經濟的危機，更開始讓她忽然成熟，明顯不再和以前的玩伴打成一片。太早的成長，太早就要負責一切，包括自己的情緒、照顧媽媽和家人，也就不再有太強烈的喜怒悲歡，儼然是大人的成熟模樣。我也進一步問：所以她的主治醫師擔心的，太平靜也太容易就接受不尋常的災難，其實就是這樣的個性？月妹當時幽幽一笑，回答說：「是呀。大哥有一次要再回大陸前，還說，永遠不曉得我在想什麼，只能希望我自己好好照顧自己。」

我也問起她對自己疾病的瞭解和看法。有些時候意識層面的過度樂觀，其實是要掩飾內心的恐懼；過度的悲觀又教人太快放棄了。她的表情向來平平淡淡，我不能夠確定是太悲觀還是太樂觀。

她說著目前的化療，開始有明顯的噁心等等的副作用，比上次化療都來得猛烈。T醫師告訴她，恐怕是末期了，藥物只是姑且一試。「然而副作用如此強，妳還是接受了？」她回答說：「就交給老天爺吧。」

她所描述的病情，的確就像陳醫師告訴我的，十分不樂觀。陳醫師告訴我時，他的表情讓我忽然閃過一個想法：也許一切的努力都是陳醫師的自責，雖然理性上知道臨床上永遠有這種不可預期的突然猛烈復發的個案。

如果個案已經意識到死亡是不可避免的結局，就像過去對癌症末期個案的輔導一樣，我也要她回去以後做一個功課：好好想一想，如果眞的走了，還有什麼不甘心的？

再下一週的早晨，又在門診見面。她一開口就說她下週不想再談了。我們並不是正式的心理治療，只是照會諮商變成固定的門診會談，也就從沒做任何約定，要求要遵守如何結束的規定。通常，月妹會察覺時間差不多了，主動要求結束。這樣的體貼其實也是她向來的個性。

我將這想法告訴她了。她只是無奈地笑笑，說自己從沒想過這麼多。她繼續說，這個禮拜想得比過去一輩子都還要多。

她不想再來，一方面是副作用讓她不堪勝任，另一方面就是這樣不斷地想。上次會談回去以後，所有的思緒忽然波濤洶湧，甚至晚上都嚴重失眠了。太多的情緒，她要十分努力才能保持平靜。她說，甚至幾乎每個晚上都惡夢不斷。她記不得了，只知道夢充滿不愉快的恐懼，永遠被追跑或是在躲藏。

當時，我有一點慌亂了，沒想到她的夢，也沒想到太多這樣狂奔而出的情緒，只是不斷地再三保證（reassurance），說這一切都是正常的過程，甚至問她更詳細的症狀，開始建議服藥。

我忙著跟她解釋藥的作用，抗焦慮及安眠的，時間也就很快過去。我要求她考慮看看，如果願意隨時恢復會談。她還是拒絕了。

我想起上次結束要她做的功課，緩慢下來自己的節奏，輕輕地問：還有什麼可能造成遺憾而可以趕快去做的？

月妹的反應忽然停頓下來，至少有半分鐘吧。但那三十秒，感覺上卻是相當漫長的猶豫。月妹終於開口，微微地說：「好想談一場戀愛。」

我記得自己也楞住了，眞的是「無以言對」的感覺。我不太記得整個過程怎麼結束的，只知道她還是說下週就先暫緩。

半年左右，我在醫院早上的個案討論會遇到陳醫師，他告訴我這位女子前一陣子已經去世了。

「生命中總也有連舒伯特都無言以對的時候。」美國小說家亨利詹姆斯（Henry James, 1843-1916）在他的重要作品《仕女圖》（1881）裡，寫下這句膾炙人口的句子。那是女主角伊莎貝爾・雅徹在叔叔家初遇媚珥夫人時，聽到的第一句話。

在那一次偶然的見面裡，伊莎貝爾是先聽到優美的鋼琴聲迴響在空蕩蕩的屋裡，漸漸辨識出那音樂是舒伯特作品，心中正揣測著究竟是誰。待見到媚珥夫人本人時，伊莎貝爾立即爲她法國式風格而傾倒，從此走向「無言以對」的命運，一場永遠教她無法回到昔日愛情的命運。

而有些女子，像月妹這樣，卻是連回頭尋找的愛情都沒發生過。

拒絕上學的少年

臉書（facebook）受歡迎的程度，遠遠超過我的想像。當初只是好玩登記一下，沒想到不只是國中、高中和大學時期的朋友都聯絡上，連失聯多年的個案也都出現了。

星恩出現在臉書時，如果不是他特殊的姓，加上他主動留言說是八年前的個案，我簡直很難從現在照片中瘦了一整圈的帥勁，跟當年那個小胖子聯想在一起。

第一次見到星恩時，他才國中二年級，身材卻有日本相撲的水準。父母說他原來還沒這麼胖，是上了國中以後才發胖。

一位青少年工作者如果有基本的敏感度，對於忽然增加或減輕的體重變化，都會想進一步去了解。一來，是了解他（她）的體重改變是如何辦到的，特別是那些忽然變瘦的人，是否有過度運動、嚴格禁食或習慣性催吐的行為。二來，是我認為更重要的，改變一定有心理原因，也許在個案的意識內很清楚，他只是壓抑不說而已；也許是某一些禁忌，存在於個案自己也沒察覺的潛意識裡，他說不出來，只能透過旁敲側擊，慢慢去理出思路。

上學，變得越來越痛苦

當年，父母帶星恩來看診，不是因爲體重，而是因爲他拒絕上學。體重是一天一天逐漸增加的，而父母只是嘮叨，沒有太在意。只是不去上學卻像炸彈一樣，每天早上都要激烈爆發一次，父母不得不跟著團團轉。

拒學行爲在國內的討論是這三、四年才開始的。我剛好在十年前就與某文教基金會合作，有機會處理這個在當時的日本已經熱烈討論的問題。

如果要我列出心理治療以來印象最深的十名個案，星恩必然是其中之一。當年登門求助的拒學個案越來越多，而我正面臨接觸越多卻也越困惑的階段，星恩的父母帶他到臨，無疑是解決我當時的許多困惑。在我接觸的拒學青少年中，星恩是最能清楚的表達自己的種種心情，包括如何因爲學校求學過程的一步一步挫折，而逐漸走上拒學的選擇。

從小星恩一直都和祖父母住在桃園老家。有記憶以來，他經常在週末時，一個人坐車上台北與父母會合。因爲父母事業頗有成就，也因此佔據不少時間。他們擔心沒空陪他，才有這樣的安排。

國一那一年，父母考慮到未來的升學，加上他國小成績不錯，決定將他轉到台北大安區住家附近的明星學校就讀。嚴格說來，這是他從小戶籍所在的學區，現在才算正式歸隊。

星恩很清楚地說起入學以後的許多變化，包括同學們和他玩的遊戲不同、話題也不同，甚至自己說話的腔調也被同學當作開玩笑的題材。

星恩雖然內向，但是喜歡有朋友。過去在桃園時，因爲成績頂尖，身邊自然就會出現一群朋友。可是到了台北這個明星學校，星恩的成績就落到中上，不再是頂尖了。這時，身邊就沒有自然出現的朋友了。

他想交朋友，但不知如何主動找朋友，因爲過去都是朋友找他。於是，他開始討好朋友，甚至同學對他過分的開玩笑或占便宜的行爲，他都隱忍下去。例如同學叫他去福利社跑腿卻不付錢，都變成理所當然的事了。他的零用錢幾乎都在替同學墊這些賴皮帳，而越來越不夠用。

於是上學變成越來越痛苦的事。

偏偏大人一方面堅持他該上學，一方面又責備他亂花零用錢，他簡直快被逼瘋了。他的腦海開始有了自己的人生觀點，也經常沉浸在幻想的國度裡。立下的志願也好，幻想的主題也好，都有一些他沒察覺的共同主題：譬如，立志做一個沒人可以逼他的人，立志去做一個不必依靠別人的人，甚至是四處拯救別人的英雄。

霸凌傷害

在那個時代，國內不只沒有拒學的討論，更沒有霸凌的討論，父母親只是著急的想讓小孩上學，根本不可能想到星恩所面臨的霸凌會帶來多大的壓力，而且日復一日，永無止息。

兩年的霸凌下來，星恩變了一個人：不只是用吃來應付壓力而變得更胖，也不只是拒絕上學；他從一個想法天真、單純的小孩，變成不相信這個世界的人了。

星恩的輔導是漫長的，像永無止境的陪伴，有時我都困惑方向正確與否。慢慢地，他開始走出家門，開始相信網路上的朋友，參加網聚。後來才有學語言，然後到國外唸書的美好突破。

在臉書遇到星恩沒多久，他很高興地說，暑假回國要來找我談談。

暑假後第一次見面，他說系上有些基本科目唸得有點吃力。我很自動地說：「那好哇！暑假剛好可以拚一拚。」星恩立刻稍稍拉下臉說：「王醫師，你忘了嗎？我最討厭人家逼我。越要叫我讀，我就越不讀。」

沒想到這麼多年過去了，星恩還是堅持當年霸凌受創後而發展出來的想法。

我立刻說：「是啊！我眞的忘了！這麼多年了，如果你覺得有什麼不對的，一定要提醒我。」大人原本不見得什麼事都懂；敢對小孩承認自己不懂的大人，才是更成熟的人。

想想看，電腦出狀況時，不管軟體或硬體，你找誰幫忙？當然是家裡那位逐漸長大的不小的小孩了。父母也好，師長也好，永遠要記得：這是一個嶄新的世界，每一分鐘都有上千的新事物和新訊息冒出地球表面。大人不見得比小孩懂得多，而且，不只是電腦網路或高科技產品而已。

孩子比我們懂更多，甚至是開始教我們，已經是從今而後的常態了。

同一個世界，萬花筒般真實

第一次見到小瑜時，我還眞的嚇一跳。看診那麼久了，各種驚心動魄的都遇過，幾乎沒啥可奇怪的了。但是，這一次還是有點出乎意料的強烈感覺。

經常，對新開案的個案總會先問一些基本資料。這些訊息雖然十分簡單，已經足夠在腦海裡產生初步的勾勒，知道自己待會兒遇到的人大概是怎樣的內在個性或外在表象。至於會有所謂的嚇一跳，是因爲眞正相會的那一刻，看到的是遙遠落在之前的想像範圍之外。

基本資料顯示，小瑜是一位大學一年級重新復學的新生，過去因爲社交焦慮太嚴重而宅在家裡兩三年，過著通常是掛在線上遊戲的日子。像這樣的一個女孩，在你的想像裡會是怎樣呢？

小瑜出現在我的診間，我立刻明白剛才候診區爲何微微的一陣騷動聲了。怎麼說呢？如果用時下的流行名詞來說，就是「童顏巨乳」，極其暴露的低胸上衣和超級迷你裙。然而，再加上那一臉濃妝，我自己立刻想起了「檳榔西施」這個名詞。

她坐下來，拉一拉裙子，開始回答我的問題時，這些不尋常外表的影響就不見了。小瑜自己提出的問題果眞是一位有社交焦慮症的年輕人的問題：

別人的眼光、別人爲什麼不找他／她講話、他／她不曉得如何回應別人的問話、一緊張起來臉紅得大家都知道了……。

我在會談的最後，慢慢問起她的穿著，才理解小瑜從來沒意識到自己的穿著有何特殊之處。原來從原極焦慮而不敢出門，透過線上遊戲，她第一次跨出門見一群從沒見過的熟朋友。慢慢地，她更敢出門，但還是相當有限。這幾年她會去的少數社交場合裡，包括電玩的網聚或同人誌 cosplay 聚會，許多女孩子也是這樣的穿著。更重要的是，原來電玩裡的女性角色，春麗也好，萌也好，都是這一種穿著。

這時，我才恍然大悟，原來，對小瑜而言，網路世界是她唯一的社交世界，是社會規範的來源，也是認識社會眞實的唯一管道。

網路世界，革命性的改變

究竟什麼才是眞實呢？

所謂的眞實，過去以爲是放諸四海皆準的，但後來人類學者就提出來，應該是由自己所處的社會文化所決定的。對義大利導演費里尼這樣的藝術家而言：「夢比現實還眞實」；對台灣的布農族老人來說，夢就是比現實更要重視的人生，因此前一晚夢見的一切都是早上醒來以後要繼續遵循和執行的。但對我們一般人來說，夢就是夢，現實就是現實。民族文化的不同，對眞實的看法也不同。

六〇年代以後，開始有「代溝」（generation gap）一詞。上一代的認知和下一代有足以造成衝突的差異。這是由於社會的變遷，造成在同一空間裡成長的兩個年齡層，在他們各自的成長經驗中，所經歷的社會文化有極大的不同。然而，現在的社會變化是「十倍速的時代」，代和代之間的鴻溝也將是十倍速的拉大。

網路世界是人類必然會進入的世界，是一種革命性的改變。在我的想像裡，這改變的鉅大，恐怕就只有西元一四四〇年古騰堡的印刷術發明，足堪比擬吧。在印刷術發明之際，人們根本無法想像在後來的五十或一百年將帶來怎樣的革命性改變。同樣地，現在的網路世界也好，資訊時代也好，再聰明的人，包括史提夫・賈伯斯（Steve Jobs），也無法事先想像出所有可能隨之而來的改變。

「漫畫式」的世界，青少年看到的真實世界

去年十月，公共電視播出自製的迷你影集「死神少女」，極爲低調的宣傳，卻在青少年的觀衆群裡創下超高的收視率。許多年輕觀衆在留言版上表示這齣戲「眞正在討論青少年問題」，是「現在青少年社會中，種種不可告人的問題，表現在螢幕上」、「這種反應社會，又不會古板，覺得是新體驗」。

在「死神少女」的討論裡，導演周美玲所率領的團隊就不諱言是一九九四年兩個北一女學生自殺，留下字條：「社會的本質不適合我們」，和「二〇〇〇年玫瑰少年葉永誌因女性特質而遭到霸凌，最後陳屍在校園廁所」，所帶來的思考。因此，他們從社會新聞出發，死亡也好，性別也好，暴力也好，都是以青少年的角度來思考，而不再替青少年決定什麼才是「適合」的話題。

然而，對我而言，除了討論話題的敏感度外，更重要的是敘述的方法。這一齣題材十分寫實的迷你劇集，敘述的方式卻是十分漫畫式的。對於在漫畫、電玩、和《暮光之城》的閱聽聞中長大的青少年，原本就是用這種方式在看他們所邁入的社會。也許，對他們來說，「漫畫式」（我不知如何更能

準確描述）的世界，才是他們看到的眞實世界。

什麼才是眞實呢？這實在是值得思考的問題。

回到小瑜的情形吧。她不只是受到網路世界的影響，她是整個人生活在網路世界好多年。當我問起她踏入新校園，看到的同學是什麼樣子時，她可以清楚指出大家的穿著跟她是不同的。如果再進一步釐清，就會發現：她雖然看到大家的穿著跟她不同，但她以爲本來就每個人都不同；換句話說，來到這個新的世界，在沒人提醒也還沒累積太多經驗時，她只意識到自己和別人的不同，卻沒法發現別人和別人的相同；或者說，她沒辦法看到其他同學的穿著所顯示的共同標準或社會規範。她知道自己是不同的，卻不知道這穿著是違逆社會規範的。

下一次會談，她的穿著開始改變了，但還是有點春麗。慢慢地，一次又一次，她果眞就像一位大學生的穿著了。

當然，每個人可以選擇他／她的穿著，不一定是要符合社會規範的。對我來說，一個人的穿著只要他／她高興，就算裸體這一類已經是違反法律的情形，我還是可以接受的。在小瑜的情況裡，如果她瞭解社會規範後還是選擇原來的穿著，我也是可以接受的。

當然小瑜的情形並不是這樣。她的社交焦慮症狀，其實就意味著她對別人看法的在乎，甚至是過度在乎。當她選擇要回到大學生活，意味著她必須接受另一種事實。於是，在兩種事實之間，她勢必要有一段漫長的掙扎，包括一開始要兼顧兩者的困難，放棄原來信念後帶來的自卑和自我懷疑，和重新摸索的過度認同。而這些過程，在她的外在穿著或言談舉止，也可以清楚看到，是許多年以後才眞正走完的。

在剛剛開始會談時，我如果太受不了她的「檳榔西施」穿著（這是我當時腦海閃過的字眼，可見自己是多麼無法接受她的穿著），恐怕下場是像大部分的父母一樣，一直將焦點放在穿著上，而陷入永無止境的爭奪戰吧。

對於青少年也好，對於我們下一世代或下下世代的人也好，我們可能經常遇到這樣的問題：我們彼此雖處於同一個世界，但看到或感受到的事實卻是完全不同的。這種極其夢幻寫實的情境，其實就是我們現代人溝通上的實際情況，是十分不容易接受的。對於父母親來說，他們不只是住在同一個世界，幾乎就是同一空間，那挑戰必然是更大。

對跟我們住在同一空間的孩子而言，從他們眼中所看到的，他們所處的眞實世界究竟是怎樣的樣貌呢？這個問題乍聽也許有些突兀。對大人們來說，眞實世界不就只有大家都看到的那麼唯一的共同現象嗎？如果我們要問「他們所處的」眞實世界，不也就暗示有另一個眞實世界，甚至是存在許多不同的世界嗎？

的確，兩者看到的世界是不同的。對許多孩子們來說，甚至對少數已經長大的大人來說，他們所處的世界跟一般（大人）的世界如此不同，以至於很難跟朋友或大人們解釋。

經常，跟青少年的交談，就是進入他們所處世界的過程。

我自己工作室坐東朝西，有一扇可以遠眺高處的落地窗。每天工作完畢，一天的陽光也逐漸結束。有時，特別是颱風或其他奇異的氣象前夕，臨晚的餘暉就會顯得氣象萬千。

有一位中學輟學的青少年，因爲我和父母的談話而一旁沉默許久之後，忽然指向窗外燦爛的雲彩，看著媽媽說：「你看，艾爾利克兄弟出現了。」可以想見，正急切地訴說他們種種困難的父母，忽然被這一句聽不懂的話打斷，簡直要抓狂了。我剛好因爲之前一位大學生個案的推薦而翻過他所指的那一本漫畫，心想又降臨一場父子戰爭，急急插嘴說：「是呀，《鋼之煉金術》太厲害了。」

大人活在孩子的想像之外

動漫也好，電玩也好，這些奇幻故事在大人眼中也許只是虛構的故事，但在孩子們的眼中呢？身爲大人的我們，譬如我自己，因爲經常與青少年工作的緣故，一路從《七龍珠》、《JoJo 歷險記》一直看到《鋼之煉金術》。小時候我家就是漫畫店，向來也就愛看漫畫。這些新潮的漫畫，也許有一些理解，一些樂趣，但更主要是爲了瞭解青少年的世界。然而，就算如此，我們大人還是活在這些想像之外。

我們大人是在這些想像之外的人，自然就很容易將這些想像排除在眞實世界之外，盡量不去干擾到自己的日常生活。然而，如果我們也和孩子們一樣，是生活在想像之內的呢？或者，是生活在想像和眞實之間，也就是在兩者之間可以自由來去的世界呢？

從小孩在襁褓期，還只是喃喃學語的階段，做爲父母的我們，就急切地開始跟他們拿著繪本說故事。小孩慢慢長大，先是對圖片的色彩形象有興趣，漸漸地對大人敍說的故事也可以在語言層面互動了。身爲父母的我們，知道說故事的重點不在書上文字所記錄的死文字，而是這些圖像或文字情節帶出來的孩子們的想像力。於是，雖然書上都清楚整個故事了，但我們還是會問小孩說：「怎麼辦怎麼辦，大野狼就快追上小紅帽了？」也許小孩會說：「小紅帽飛起來了，她的帽子伸出大大的翅膀了。」身爲父母的我們，知道小孩十分進入故事情節，他們的想像力開始啓動了。就這樣，就算是每天講同一本繪本故事書，小孩子的想像力（如果我們父母允許）還是會每天都改寫出不同的故事來。

小時候，孩子們聽我們講故事（或用他們的想像力說故事給我們聽）；長大以後，孩子們開始找到自己的故事來源，也許是動／漫畫，也許是網路提供的其他許多素材。他們是在這些充滿想像力的世界中長大。

我們大人是爲了瞭解他們而去看他們的世界，包括動漫等等，是一種在這些世界之外的觀看之道；而他們是在這一切當中長大，是活在這些世界之內的。

到底哪一個世界比較眞實？理性的世界就比想像的世界眞實嗎？

也許許多大人會堅信理性或客觀存在的世界才是眞實的世界，但許多孩子們的生活裡卻不是如此，甚至，有一些心理學家或哲學家也不認爲如此。

我可以舉出一大串的哲學家或心理學家，從叔本華、佛洛伊德、拉崗到溫尼考特，他們都會贊成：和我們的情感互動在一起的世界才是相對較眞實的世界。

這些年來，皮克斯出品的動畫片，逐漸取代過去稱霸半世紀的迪士尼卡通。有許多評論者就指出，美國卡通片從迪士尼時代到皮克斯時代最大的不同就是：迪士尼式的卡通，像《白雪公主》這類的，是在小孩觸及不到的世界；皮克斯的卡通都是發生在小孩的生活世界中，也許是他們朝夕相處的玩具（譬如《玩具總動員3》，甚至到了不得不淸除童年玩具的大學階段了），也許是平常的例行作息（譬如《怪獸電力公司》總是在我們每天要發生的上床闔眼入睡的經驗裡）。遙遠的（也就是和現實不相干的）公主與王子固然浪漫而教人憧憬，但發生在現實和想像之際的這些眞實經驗卻能夠帶動我們更多的情感。

學校生活，好似鬼片上演

回到我治療室那位看見艾爾利克兄弟的中學生吧，他是拒學行爲而被父母帶來求醫的。所謂的拒學行爲（school refusal behavior）是一個青少年問題的新現象，過去有所謂的逃學（truancy），是指翹課到外面更有趣的世界，也就是一般所講的非行（misconduct）少年。拒學行爲和逃學是不同的。他們雖然也是在學校曠課或缺席，但大部分的他們卻也只退縮在自己的家裡、自己的房間。這現象的原因有許多需要慢慢解釋的；但其中主要的一點是：他們對外在世界，特別是學校，可能是感到焦慮和不安，甚至是恐懼的。

同樣的外在世界，譬如學校，在我們大人的眼中不過是一座學校，一群吵吵鬧鬧的學生，頂多再加上或許親切或許嚴厲的師長。這是大人以爲的眞實世界。

然而，對孩子們而言呢，這座學校（或這個世界）的眞實存在又是怎樣的呢？特別是那些不得不拒學的孩子？

在診間，當這些充滿恐懼的少年少女慢慢相信眼前這位大人治療師是瞭解他所處的世界後，他們才敢放心開始描述他眞實感受的那一所學校。曾經，一位剛考上大安高工的少年就告訴我，他在新生訓練那一天，才走到復興南路的紅磚人行道，就感覺周邊穿著相同制服的人們，每一個人似乎都在看著他，好像他的步伐怪怪的，他的制服有問題。隨著走近門口，學校裡傳來的同年紀尖叫哄笑聲，似乎是針對著他的，一波一波的驚慌，最後又轉頭回家。

另一位經常被女同學們嘲笑、甚至被勒索過的女生，她說自己在學校裡從來就沒辦法放鬆，因爲不知道哪一個同學才是眞正友善的。每天傍晚踏出校門，她可以明顯地感覺到自己整個身體終於能夠稍稍鬆下來。她說，好像是在看鬼片，瞪著螢幕擔心每一刻都有可能冒出鬼來，於是一直緊張繃著；可是鬼片最多才兩個小時，上學卻是每天要熬十個小時。

大人的眞實世界是一種客觀存在的世界，但是他們的呢？客觀存在的那一個世界，是不曾稍稍提及這些情緒的，不論是喜悅或恐懼的情緒。如果是這樣，孩子們的眞實世界又應該怎樣去重現呢？

孩子眞實生活裡的恐懼

最近我看了公視的一個新節目「死神少女」，周美玲導演、監製的。演員的演技也許有些生澀，角色的塑造還算頗有特色。但更有意思的是，整個影集將動漫作品裡的奇幻情境和我們目前眞實的校園生活結合起來了。

描述台灣校園的電影或電視過去就有不少，「危險心靈」就是一片傑出的作品。只是，這部由易智言導演，由侯文詠原著改編的電視影集，也許基本的焦點是在學校制度，是在學校與學生之間的張力關係，也就比較接近一個客觀世界的描述。在我們生活裡，客觀的描述當然是重要的，特別是討論有關社會制度的公共議題時，我們觀看一切現象的方式自然而然會像逐漸拉開的鏡頭一樣，希望保持距離而看到更廣的面向。

只是，當我們想要描述個別的學生在日常生活中每一分每一秒的感受時，又該如何去呈現呢？

在「死神少女」裡，導演周美玲採取了一個極富創意的方式。這方式是極貼近眞實的感受，但也是極危險的。所謂極危險的是：這部片子因此要去碰觸一些社會禁忌的或敏感的問題，包括死亡，包括暴力，也包括慾望。這些都是大人們不願小孩（即使是到大學生的年紀了）接觸的，以爲隔離開來就ＯＫ了。然而，對青少年以上的孩子而言，特別是不再以考試爲生活唯一目標的學生生活，這些主題明明就是每天活生生在校園中聽見或看到的眞實。

同樣的情況也出現在關於校園霸凌問題（bully）的討論上。

這些年來，所謂霸凌，也就是強欺弱的現象，越來越受到重視。只是，大部分的討論只是集中在學校制度、老師的責任或被害者的描述，是許多不同的觀察，但多屬於客觀現象的描述，主觀世界的一切則付之一闕如。然而，霸凌是一種文化，一種相信權力而不懂尊重的強欺弱文化。在我們校園裡，這是每一個學生都沉浸其中的，並不是只有那些辨識出來的受害者才遭遇到的。他們不會去思考這制度是怎麼回事，也沒想到要去瞭解爲何某人要欺負某人。他們只知道要保護自己小心被欺負了，甚至是如何成爲強者——不止不會被欺負，必要時還可以經由欺負別人來確定自己的安全。只是，這樣的心境，日常生活裡的一般心情，可有大人們眞正看到？

許多孩子們會喜愛奇幻小說或日本式的動漫，就是因爲在這些被大人們視爲「次文化」的作品裡，他們才可以找到自己眞實生活裡的恐懼，以及在幻想中終於戰勝了這些困境的成就感。

壓著自己的沉重包袱，終於可以放下

「死神少女」恐怕是國內第一部從這個觀點來拍攝的電視影集，第一部這樣立場的作品。在主流的電視媒體裡，敢這樣去做也眞的能做到，是應該肯定整個製作團隊的。

然而身爲父母的大人們會擔心，以這樣公開的方式來談論死亡和暴力的問題，是否會對孩子們有怎樣的暗示效果？

關於這一點，父母們其實是可以放心的。一來就像前面所言，這些主題原本就在孩子們的生活世界裡。當生活中發生的事情，可以透過影片而提出來，同時攤開在孩子和父母面前，對孩子們反而不再是不可說的祕密，他們會覺得許久以來一直壓著自己的沉重包袱終於可以放下。二來，周導演的作品將感受的眞實加以影像化後，影集本身帶有奇幻故事的風格，反而和客觀的世界適當地有所分別了。一般心智發展尚可的孩子們，自然也就不會和客觀的眞實世界混在一起。

什麼是孩子們所處的眞實世界？怎麼樣的客觀存在是我們的感情可以交融其中的？這其實是一個不容易回答的問題。然而，關於這一個困難回答的問題，「死神少女」也好，那些乍看是奇異幻想的動漫作品也好，其實回答了一部分，也可能是目前爲止最好的描述。

操場還是戰場？

校園霸凌的相關議題，前一陣子成了熱門話題，連朋友見面聊天都提到這問題來。一對年輕的夫婦，前幾年才生了一個孩子，現在居然也上幼稚園了。年輕的媽媽說：「我們家的 Nicolas，太古意了。同學從背後推倒他，他沒哭，還傻愣愣地看著人家，搞不清楚怎麼回事。」爸爸接嘴說：「是呀！那天剛好是家長日，那小孩就在我們面前公然霸凌了。」

那天我們一起吃的是火鍋。冬天寒流這樣的情況下，熱騰騰的火鍋似乎是最適合一群人一起來抵禦寒冬的「霸凌」了。我們最後的結論是送小孩去學點那種健身技巧。「最好是合氣道，聽說只能防身用，不能攻擊別人，免得小孩學了反而去欺負人。」大家聽了哄堂一笑，就結束了這個話題。

當追逐的樂趣被嚴謹的競賽取代

小孩子在操場上，在空地上，或在公園裡，跑跑跳跳，追追打打鬧鬧的，原本就是平常的遊戲。這樣的活動，有時是全然自發的，小孩子們也沒規定啥，就很有默契地找到他們的邏輯玩起來了。有時是有遊戲規則的，也許是「躲貓貓」，也許是「抓鬼」，但一開始還是經常有許多即興的玩法。當然，後來規則越來越嚴謹，而即興也就沒有空間了。

到了國小國中以後，躲避球也好，棒球籃球也好，遊戲的規則是越來越統一的。然而，規則越是完善，能玩的人就越少了。大部分的人只能當觀衆，只有少數人能在場上玩這個遊戲。當然，觀衆也可以玩一點遊戲，波浪舞或巫巫滋拉，但終究還是不如場上選手一般才是眞正聚光燈的焦點。

回到學校吧，讓我們看看校園裡的遊戲。

當追逐的樂趣慢慢被許多有嚴謹規則的競賽所取代，大部分的人其實是從這些正式的遊戲中驅逐出來的。因爲除了最高、最靈活、最快、最有力、最有訓練的少數同學，幾乎是少有人可以參與這活動的。

那麼，其他的人怎麼辦呢？

如果將焦點離開球場轉到校園，我們還是可以看到大部分的同學其實是繼續有他們的遊戲，而且是以自發性的方式來進行。他們還是在走廊上追逐，在陽台互相觀望就可以創造出新的遊戲方法，甚至在看不到的地方，不論是愛情還是霸凌，都是人們自發性的創造力所產生的遊戲。

當霸凌變成道德上的禁忌

一位幼稚園孩童的家長很難過地告訴我，他小孩如何被排斥的過程。他小孩的細動作發展較慢，感覺統合不協調，整個人看起來就是大手大腳的。偏偏這小孩喜歡人群，喜歡熱鬧，每次同學們玩起自己發明的遊戲，他就興奮地跟著跑起來，甚至也不在乎別人就爬上去，經常將其他小個子的同學撞倒在地上。於是，就有同學喊說：「老師他打人！」

老師剛好太年輕，不知道總有一些學生社會技巧太慢發展而手腳又無法分輕重，便當場就說：「你這麼小，就開始霸凌同學。」其他同學也不清楚這名詞的眞正意思，只知道這幾天大人們或新聞裡談很多，就跟著喊起來。這位家長說，小孩也只是知道這是不好的名詞，都已經難過得不想上學了。

強弱或勝敗原本就是所有遊戲的基本條件。只不過是，越是好的遊戲，越是能讓每個人都有勝利的機會。

當霸凌一詞突然變成道德上最大的禁忌時，忽然之間，人們不知道正常的競爭和不正常的霸凌之間究竟有無淸楚的分界。父母們擔心自己的小孩受欺負的同時，卻也對自己向來鼓勵小孩積極競爭的態度，是否隱藏了怎樣的危險，而變得更焦慮了。

頑皮遊戲到弱肉強食

對於校園霸凌的長期現象，教育部決定先訂立「防治校園霸凌執行計畫」，將不處理霸凌的校長考績不得爲甲，負責督導的縣市政府也會被扣獎補助款。至於長期計畫，教育部將推動《校園反霸凌法》的立法，考慮「將施暴者隔離起來」。

這個消息在報紙揭露的第二天，我心理治療診所的來訪案主剛好有一位是當年霸凌的受害者。他現在在國外唸書，因爲聖誕節和冬季假期而回來。

當年國中受到同班同學的霸凌，使得他一直對學校或同輩聚集的環境都不由自主地感到顫慄，也就一直無法正常上學。爾後，幸運地在另類中學逐漸適應，才取得同等學歷。他先到北美的社區大學，再轉到自己喜歡的學校和學系。

會談時，我將報紙拿給他看，問他意見。他看了一下這則頭版新聞，最先稍稍綻放的笑容，慢慢地被沉思的表情所取代而不見。他說：「這方法當然是好啦，只是，事情是很複雜的。」一不善表達但思考迅速的他，跳躍式地提到一連串問題，還有一連串想法：霸凌要怎樣定義？可能嗎？很多時候是別人覺得不怎麼樣，但受欺負的人是很痛苦的。有些時候欺負別人的人是因爲長期被欺負地走投無路而反擊了，也要受罰嗎？隔離以後，怎麼知道這個人會變更壞還是就眞的改善呢？他最後跟我揮揮手表示不談這件事了：「事情，是很複雜的啦！」

我問他最近在美洲的大學生活可好？跟台灣以前的經驗比起來怎樣？他的回答也教人難過：「反正太複雜了，我也就決定做獨行俠，不要再交朋友了。」他解釋說，就是不去注意這些白人或拉丁裔或黑人是怎麼交朋友的。亞洲裔的同學會主動來跟他交朋友，是爲了借筆記。「反正我要求他們一定要立刻影印立刻還，也就不會擔心像以前那樣考試到了要不回筆記。」

獨行俠？一輩子嗎？多麼孤獨呀！希望他不至於如此。我看著他現在不再過胖的臉龐，診療室外燦爛冬陽，在他臉另一側削出沉重的陰影。

霸凌，不易辨

霸凌產生很多可怕的問題，然而過去大人眼中可能只是小孩們吵鬧玩過頭了。只是，在玩鬧中越來越沒有同理心的過程，其實是一再深深的刺傷，待日後痊癒亦十分扭曲了。

霸凌的傷害這麼嚴重，但我自己對這個名詞卻是不喜歡的。霸凌也好，

Bully 也好，這樣的名詞讀起來感覺都是十分突顯的，往往就誤以為是十分搶眼易辨的行為。

我寧可用「欺負」，特別是在大眾演講時。「欺負」是我們小時候就會有的行為，幾乎每個人在成長過程中都欺負過比自己弱的同學、欺負弟弟或妹妹，以及集體欺負不認識的大人（像乞丐或太囂張的大人）。美國幽默大師馬克・吐溫的作品，像《湯姆歷險記》、《哈克貝利・費恩歷險記》（亦稱《頑童歷險記》），是讓大人小孩讀起來捧腹大笑的作品。特別是那些欺負的情節，更是讀者笑聲最大的段落。

為什麼馬克・吐溫的小說我們覺得是風趣逗笑的故事呢？為什麼社會新聞揭露的那些霸凌，卻是教人痛心而不忍卒睹？其實最主要的差別有二，一是權力的關係，另一則是同理心的程度。

在馬克・吐溫的小說裡，欺負是弱小者對權位在上者的行為，譬如，欺負那些平常愛作威作福的小惡霸。這樣的故事就像〈聖經・撒母耳記〉裡，大衛小子殺死巨人歌利亞，從來沒人覺得是過分的。同樣地，記得國內的作家楊照，也曾經在自傳散文裡寫過，他在建中時和一群同學將教官罩麻布袋丟到蓮花池的故事，反而感覺是充滿幽默的正義。

這些故事因爲是弱者對強者的反擊，我們有時甚至也不用「欺負」一詞，而是用「頑皮搗蛋」來形容。

回到現在新聞中的這些事件吧！霸凌也好，欺負也好，卻是相反的權力關係，都是強的一方欺負弱的一方，人數多的一方壓迫人數少的一方。

我喜歡用「欺負」一詞，是因爲這樣的行爲可能發生在過去也可能是未來，可能發生在任何一位學生，包括學校裡被認定的「好」學生和任何過去被欺負的人。

校園裡同樣是同班或同年級的同學，在權力位階上，原本就有著越來越拉大的差距。

校園裡的權力遊戲

在美國好萊塢電影裡，有專門針對中學生胃口的所謂ＹＡ（young adults）電影。這種電影經常可以歸類成兩三種模式，每隔幾年就會尋這模式再拍一部，而且都是永遠保證票房大賣。

有一種模式是「老師是鬼」這樣的。電影一開始是校門口全景，學校最出風頭的美式橄欖球校隊高大健美的年輕男人們走過，然後是一群金髮標緻的啦啦隊女孩。相對這些搶盡風頭的卻是一群藏在校園角落的角色：通常是一位很神經質的書呆子，一位整天嗑藥的迷糊蛋，至少還有一位整個人感覺像刺蝟對外強烈防衛的女孩。兩群人偶有互動時，當然是後者受盡了嘲弄欺負。

有一天，學校開始變化了。也許是那個假道學的校長，也許是愛臭屁的橄欖球隊教練，不知啥緣故，被外星球異形附身或變成吸血鬼。後來老師們全淪陷了，橄欖球隊員也淪陷了，連班代會和啦啦隊都淪陷了。整校都是外星人或吸血鬼。這時，只剩那幾個最被瞧不起的傢伙，他們發現了這個祕密，躲到校園地下室鍋爐時遇到了老校工，得到他的幫忙，找到方法，而將外星人或吸血鬼趕出去，拯救了全校同學，包括那些平常最看不起他們的同學和師長。

這樣題材的電影一再重複拍攝，而且都可以在青少年人口開出極優的票房，足以證實美國青少年對片中校園生態描述的認同。

在影片的人物中，被欺負或被瞧不起的似乎只有少數幾位，但是，從湧進戲院的青少年來看，似乎在現實的校園裡，大家都認爲自己是屬於吃癟的那一群。

在美國，就像這些影片一樣，校園是有清楚的權力位階的。美式橄欖球球員和他的啦啦隊女生是權力的最頂端；其次是其他運動校隊；再其次是擅長人際關係的，也跟老師關係不錯的同學，像班聯會幹部或班級領導人；再來是稍不擅長人際關係但成績優異的。至於運動不好、人際不佳、成績也不怎樣的、大概就只能在沒人關心的權力底層。

在叢林裡生存的方法

我們回過來看台灣的情況，雖然情形差別頗大，但同樣的權力落差是存在學生之間的。

以台灣的國中爲例，同學之間的權力位階往往是以成績優異爲最高標準（成績只有中上就沒啥幫助），其次是人際能力和外表（身高、美貌），再其次是家庭的富裕程度。如果擁有其中幾項，累積的權力位階就更高。相反地，越沒有上述條件的，則是越弱勢。也因爲如此，在台灣校園霸凌的現象研究中，研究人員經常指出「身材瘦小、人際關係不佳、較內向、成績普通」，有這些特色的其中一兩項的，都是容易成爲校園霸凌的受害人。

校園裡的權力現象也可以進一步解釋霸凌中的「霸凌者」（the bully）、「被霸凌者」（the bullied）和「旁觀者」（the bystander）的三角關係。

每個人也許不一定想成爲霸凌者，但每個人都希望自己的權力位階是更高的；每個人也許可以忍受自己的權力位階在別人之下，但每個人都不願成爲被霸凌者。

我曾經遇到一位拒絕上學的國二學生，他不像一般典型的拒學，先由憂鬱、焦慮或身心症狀開始的。他開始拒學是因爲去向同學「勒索」被告到老師那裡去。他的「勒索」手法很笨拙，在福利社看到有同學錢帶得較多，就向前去要對方拿錢給自己。可惜，他是新手上路吧！找的地點也不夠隱蔽，口氣不夠狠，連身材也談不上高大，自然很快就被訓導處通知父母來了。

父母一到學校，幾乎要抓狂了。他們說，不是上學期才說在家偷錢是因爲被其他同學勒索，父母也因此對導師抱怨許久，怎麼這學期就淪落成勒索別人的壞孩子了？

這事件一發生，他不再去學校，也幾乎不講話。

我們第一次見面，兩人在會談室沉默了相當長的時間，也沒有太多的進展。至少三五次的會談在沉默中渡過，也幸虧我過去對這樣的個案有一些經驗，也就受得了這些難熬的時刻。終於，他慢慢地說出他的沮喪（對自己、對學校、和對父母的）和憤怒。國中階段原本表達能力就不足以敘述複雜情節和情緒，我也就透過他許多片段的描述中，才進一步描繪出大概的全貌。

當年進到這所國中，他的害羞和稍稍瘦小的身材，很快就成爲班上幾個同學開玩笑的對象。後來，這個原本只是頑皮遊戲的作弄越來越過分，從幫忙福利社跑腿買零食，到幫這一群同學墊錢。這也就是爲什麼他零用錢不夠用，只好回家偷錢的緣故。一方面他生氣這些同學的欺負，另一方面他又很喜歡跟他們在一起，因爲跟他們在一起，似乎別的同學也會怕他，他也就很有安全感了。

特別是上學期父母來學校找導師，折騰一番後卻是一切沒改變。那些同學暫時不叫他跑腿了，只是在經過時會說：「我們現在都沒叫你做事了喔！不可以去亂打小報告。」這樣確實沒有威脅字眼的話聽進耳裡，反而更是恐懼。他終於知道，原來，在學校這座叢林裡，父母和老師根本是管不到的。於是，他唯一安全的方法，就是讓自己被他們更接受，譬如開始出現去幫忙勒索這件事。

去勒索其他同學這件事，其實他內心已經掙扎許久。可是，想來想去，這終究是在叢林裡獲得安全的唯一方法了，終於還是做了。

等他被抓到訓導處，父母也趕到時，他忽然鬆一口氣，覺得從此不去上課也是一件很好的事。他放棄辯護、放棄學業，也幾乎要放棄自己過去種種對人生的期待了。

從被霸凌者到霸凌者是很容易的，幾乎每一個權力位階還沒爬到頂的學生，都是有可能的。每一個人內心想的其實都是只想當一位旁觀者，因爲沒人願意有任何的風險。只是當大家更集體地起鬨時，旁觀者也不得不加入，而從「霸凌行爲的默許者」變成「霸凌行爲的次要執行者」。

在校園裡，只要這樣的權力位階存在，霸凌的問題永遠是沒法消除的。只是，在平常沒意識到時，可能會說：「那只是調皮搗蛋，愛欺負同學罷了。」

人與人之間，當權力位階存在，當權力帶來的特權被許可甚至被欽羨時，所有的關係也就從遊戲般的玩樂，變成越來越弱肉強食的霸凌了。

霸凌標籤

最近台灣的富商郭台銘先生，在自己家鴻海股東會上，又語出驚人地表示：「霸凌，這就是人生必須經歷的事實。」

郭台銘先生向來草莽作風，談吐之間經常流露出霸氣，而見解往往是十分自我中心的看法。倒是這一次，他的談話確實值得思考一下。

他說：「如果你把孩子擺在一個無菌室成長，那以後他們就得接受不斷的挫折。」他指的是自己的兒孫，和自己親身的例子。

他自己的成長過程裡，身爲外省人第二代，小時候在家講山東話，在外與玩伴學閩南話，到了小學才開始學國語。「我和台灣孩子玩在一起，他們說我是外省人，好幾個打我一個，我也是拿起拖鞋就跟他們對打，回家還不敢說呢！」

至於他的孩孫：「最近我的女兒（新婚續絃所生）和孫子玩在一起，常吵架。」小孩玩在一起，也就會打架。郭台銘卻不制止，反倒制止一旁要保護小孩的年輕妻子、兒子和媳婦。

這半年來，「霸凌」這一議題，自從桃園某國中的個例在報紙披露後，開始成爲台灣上至總統、教育部，下至中產階級或販夫走卒，皆相當重視的一個議題。

霸凌現象是該重視，強者欺負弱者原本就不被鼓勵；只是，當這議題變成無線上綱，所有孩子們之間的衝突或稍激烈一點的互動，都被稱作霸凌時，這問題就必須加以深思了。甚至，當糾正霸凌行爲成爲唯一的政治正確，無法容許有不同的意見或聲音時，面對這問題就必須用更審愼的態度。

關於霸凌，卻不一定是霸凌

兩個案例，關於霸凌，卻不一定是霸凌的。

在朋友聚餐的場合，一位三歲男孩的媽媽忽然憂心忡忡地問起：「我的小孩這麼調皮愛作弄人，以後長大會不會霸凌別人？」原來，他們家剛開始上托兒所的寶貝兒子，特別喜歡班上一位女孩子。但是才三歲的他，沒有太多的社交技巧，表達喜歡的方法是去摸摸女孩子的臉蛋，碰碰她的肩胛，惹得這位可愛的女孩都哭了。托兒所的老師通知家長，很委婉地說：「小孩只是玩玩啦，只是，也不知道這以後會不會發展成霸凌行爲。」

另一個例則是中學生。

祥森是我門診的個案，公立高中的一年級學生。從小害羞卻倔強的他，上了高中以後立志要做一個受歡迎的人。沒想到，因爲他過去朋友少，想法也就相對較幼稚，在班上努力交友，還是處處碰壁了。一位頗具母愛的女同學經常來安慰落寞的他，渴求朋友的祥森忍不住問可不可以當男女朋友。女同學拗不過強森固執詢問，勉強答應了。

自從答應後，祥森開始干涉她和其他男同學的聊天互動，最後鬧到教官那裡去，形成兩邊家長到學校開協調會的情況。

女方的家長是心疼自己女兒的，自然憤怒地罵這個男生的家長，說：「再有過分的行爲，我們就到教育部去告學校縱容學生的霸凌行爲。」這時，原本還在勸雙方家長的教官和導師，似乎有了新的擔心，開始改勸祥森的父母將他留在家裡，暫時不要上學了。

這是霸凌嗎？還是霸凌帶來的寒蟬效應？

霸凌的基本觀念

原來霸凌的觀念，所強調的嚴重欺負行爲，是包括兩點基本觀念：一、它是發生在生活關係中的（例如同一學校或同一社區），因此是持續的；二、它的持續發生，對被霸凌者造成創傷性的傷害，影響了他當下的發展（學校學習或人際關係學習），進而斲害了他的人格。

當初對霸凌問題的倡導，是因爲如果不加以呼籲，包括父母和師長在內的大人們，很可能不瞭解這行爲帶來的傷害，而以爲是孩子們之間的吵吵鬧鬧。

秀池是我過去的個案，現在在國外唸大學，每次暑假回台灣都會來找我會談。當年他就是被霸凌，持續努力無效，最後是不敢上學。只是當時沒霸凌這觀念，老師認爲秀池太軟弱，這情形剛好可以磨練他。父母也覺得男孩子就是要堅強一點。

一直到秀池持續拒絕上學，老師和家長才慢慢發現，原來欺負秀池的那一位同學，其實是嫉妒秀池的成績比他好，於是故意慫恿同學有計畫地鬧他。結果一群同學將欺負當玩樂，每個人開始競賽似地輪流想新招式，越來越過分。

只是這一群同學，平常也算是成績優秀，一般大人根本無法想像這群（成績上的）好學生會有這些惡意的行徑，當然，老師也是如此。等到要處理時，已經太慢了。

現在，秀池雖然順利回到學習的軌道，可是他在新的環境裡還是有很多當年創傷的後遺症，包括不跟亞洲學生來往、言談之間憤世嫉俗，甚至是有一些反社會反權威的特質。

適當的挫折，才是最好的助長環境

眞正的霸凌，和孩子們之間在成長過程中遭遇的欺負問題是不盡然相同的。

郭台銘這位富商對霸凌現象，提出一句我們可以思考的話：「（被）霸凌，這是人生必須經歷的事實。」郭台銘講的霸凌，其實只是一般的欺負。在他舉的例子中，不論是兒子郭守正當年學走路而祖母怕他掉到水溝而全部加蓋，還是現在女兒和孫子的吵吵鬧鬧（然後又和好），還是他的山東國語被同學嘲笑（相信不打不相識，後來也成了好同學），都是成長過程中會經歷的欺負。

心理學者原來就是認爲，有一定的困難，才有克服後的信心。英國兒童精神分析師溫尼考特就說：「適當的挫折是最好的助長環境（facilitating environment）。」少年郭台銘被一群本省籍欺負後，一定是立志要欺負回去，讓這些人刮目相看。而這心願也一定果眞如願以償，少年郭台銘因此才變得更有自信，爲他日後在事業上的雄心壯志打下信心的礎石。

我們每一個人回想自己的成長，一路走來不也是和郭台銘有些類似？包括被欺負的挫折，我們會去努力，也許一下子也許很久以後，才終於克服。在這過程中，我們變得更有信心，才有後來的成長。

我們千萬不要忘了人類終究還是演化自哺乳動物，還是有一些大自然動物的本能。雖然我們不至於弱肉強食，但是要將小孩子們馴服成天生的和平無爭，其實是痴人夢話。甚至，當我們對小孩之間的任何競爭，動輒貼上「霸凌」的標籤，這樣乍看是愛護的行徑，恐怕只是剝奪他們在成長過程中有「適當的挫折」的機會，也就是等於剝奪了他們的行爲。

拳頭以外的方法

當然郭台銘的想法也不全對。他在同一段的談話裡，也說：「這社會本來就是大欺負小，本來就是拳頭大的要打拳頭小的，所以進化論才講物競天擇，適者生存。」這一段話就不見得是當年達爾文的意思。

達爾文當年描述的是包括人在內的各種動物的社會行爲，只是包括希特勒在內的某些人將這個理論不明究理地拿來解釋社會的不公平，進而合理化了社會的不平等，這也就是社會達爾文主義（Social Darwinism），恐怕連達爾文本人都不會同意的。達爾文的理論是更複雜的，他固然主張「適者生存」，但他對強弱的看法卻不是「拳頭」這類赤裸裸的力量。

一個小孩在成長過程中，遭到別人拳頭的欺負，大部分是會慢慢想辦法欺負回去的。這個報仇也許是拳頭的，但是，更多的時候，小孩子就會發現拳頭的報復有限。他開始想用不同的方法，包括在成績上更求表現，讓欺負他的人開始崇拜和後悔。

相反地，如果一個小孩經歷了許久，還是用拳頭解決問題，通常是兩個原因。第一，他在他的世界裡，也就是學校以外的地方（通常是家裡），也是經常被拳頭欺負的；第二，他的能力成長有限，沒能力或沒機會學會拳頭以外的方法。

郭台銘如果還相信「拳頭」才是唯一的辦法，不知是他依然還處在「弱肉強食」的世界，還是他除了拳頭沒有其他的方法。

篇三
診間心情

為人父母，是一段無法預習的旅程

「我是不是一個失敗的母親？十分糟糕卻不自知。」在最近的一次會談裡，張太太這樣問我。

認識張太太不知不覺已經超過十年了，最初是在某知名女中的輔導室。那一年，小女兒湘君被導師發現在左手前臂上有許多細細的、不甚平行的傷痕。那個年頭，自我傷害行爲（self-harm behavior）才剛剛受到國內心理衛生相關專業重視的新話題，敏感的老師也就很想積極協助，找我去和家長及相關老師做個案討論。

當時，印象深刻極了。我坐在會議長桌的一端，十分訝異眼前的一切：身爲母親的張太太，反而最不以爲意，覺得學校太小題大做了；倒是專程從東莞趕回台北的父親謹愼求問，表現出十分在意的模樣。

究竟怎麼樣才可以成爲好父母？當時，眼前的這一對夫妻，我直覺地認定這個媽媽太不用心了。直到多年以後，陸續陪伴這個家庭的過程，我才改變了這個想法，也更深刻地體會到身爲父母的不易。

孩子的好成績，成了確保婚姻的條件

身為父母，原本就比想像的來得困難，這大概是大家都同意的。然而，不只比想像的困難，身為父母也比想像的來得壓力重重。每個父親或母親的一言一行，都不是單單自己就能做決定的，而是有很多的顧慮。父母親，特別是母親，他們需要顧慮的事何其之多，彷彿身後都背負有一大串的幽靈似的。

父親或母親的顧慮，可以分成好幾類，包括配偶、自己的原生家庭、其他子女、大家族和社會關係。

十多年前見到張太太那個場合，我還清楚地記得是在這所歷史悠久的女校舊樓的會議室。那個下午室外的陽光很烈，整片毛玻璃格子窗椰樹葉影清楚地左右曳動。當時的我雖然有點資歷，但永遠有經驗不足的地方。如果同樣的情景再出現一次，我也就不會對張爸爸的憂心忡忡有所感動，更不會對處處自我防衛的張媽媽在不知不覺中流露出不耐和不悅了。

如果再來一次，我會問身為父親的張先生：既然這麼擔心，他打算採取怎麼樣的具體行動？是否積極向公司爭取調回台北？還是將湘君轉學到他工作的城市？因爲在那一次會談後，十分誠懇地表示擔心的父親，拍拍屁股就回東莞。他與其說是父親，不如說是聖誕老人，每次都只是在重要場合做一次性的亮眼現身，平常卻是在距離最遙遠的北極，連電話都不太通暢。

至於母親的處境，我是後來和張太太的會談次數越多而彼此有些信任後，她才慢慢說得更淸楚的。

原來張先生在台北總公司時，就經常喜歡和女同事言談舉止之間有意無意地曖昧撩撥。身爲太太的她原本不知道，直到有一位單身女同事因爲張先生拒接電話而吞藥自殺，整件事在公司鬧得沸沸揚揚的，才知道先生平常的行徑。她幾次責備先生，但先生總是一副無辜模樣，也就無從追究了。

夫妻開始衝突那一年，準備升高中的大女兒湘雲，成績忽然大大退步，只好選住家附近的社區高中。而張先生彷如完全與湘雲的成績失常無關，反而還指責專職在家帶小孩的太太沒盡到媽媽的責任，只顧無端鬧他，忽略了女兒成績都不自知。張太太明白湘雲國中最後一年是受他們夫妻吵架影響才心情大亂，只是，也確實找不到先生外遇的證據，覺得理虧，更以爲是自己失職害了大女兒。

後來，公司的許多考慮，也包括女同事自殺未遂一事的影響，張先生被公司調到東莞當主管。乍看是升官，其實是有誡訓的用意。倒是他一開始有些失意，後來是越來越習慣那裡天天應酬的生活，甚至傳出包二奶的風聲。而在台灣的張太太儘管是聽聞了這些消息，卻也只能自憐自艾地告訴兩個女兒要爭氣，好像先生的這些行徑都是母女合作出來的成績不夠理想才造成的，好像兩個女兒成績夠好就可以挽回先生似的。

也果眞這兩個女兒越來越自律，忽然間都開竅懂事了。她們幾乎是近乎自虐的態度，以一種臻至完美主義的標準，來要求自己的行爲舉止，特別是成績。

而這也就是小女兒湘君自傷的原因：原本總是第一名的她，暑假升高三時開始有幾個同學成績逼近她、甚至開始超越。湘君越來越慌亂，不自覺地用刀片劃傷自己的手臂。當刀鋒滑過皮膚而血滴微微泌出，那一股痛楚反而紓解了長期緊繃的壓力，好難放鬆的自己忽然整個人輕鬆起來；同時，這樣的儀式，正好也是對自己成績表現不完美進行了應有的處罰。

而母親的心境也是和兩個女兒相近的，彷如她們的表現要夠好，才是確保自己婚姻的必要條件。

這也就是爲什麼我們第一次見面時，在學校的共同討論會上，她的表現是充滿自我防衛的。因爲如果承認女兒有任何問題，不就代表她回家以後更沒資格向丈夫要求他該有的責任義務嗎？

對婚姻的顧慮，影響到父母親的角色意識

身爲父母，是一件充滿顧慮的差事。其中一個最常見的顧慮，就是配偶，或者更準確地說，是婚姻關係。

像張太太這樣，自結婚以來，和先生的婚姻關係越來越失衡。依家庭動力學的講法，兩人原本應該平衡的權力關係，越來越傾向先生那邊了。她開始不自覺地以受害者的姿態，將兩個急著想幫忙的女兒，也拉到自己這邊，勉強將權力的天平又維持住暫時的平衡了。於是，對婚姻的顧慮，滲透到她擔任母親的角色意識。身爲母親這件事，也就被婚姻的顧慮，開始有些走樣，甚至扭曲了。

有些時候，身爲父親這件事，也同樣會被婚姻的顧慮所扭曲。我曾經聽一位已經離婚的父親說：「我怎麼可能對小孩太嚴格？如果這樣，對他們媽媽來說，不是正中下懷？」男性一樣會因爲顧慮自己的婚姻而影響了自己的

爲父之道。這影響很難說是否比女性少，但至少是細微且隱蔽許多了。

婚姻經常影響了我們作父母的方式；但這不是唯一的影響。比婚姻還更容易影響爲父母之道的，恐怕是父母自己的原生家庭吧。

像張太太的女兒們這樣不自覺卻十分賣力的努力，可以挽回爸爸嗎？當然，事實根本不是這樣。

在會談的過程中，張太太越來越淸楚這些年來發生的一切，其實可以有更多不同的解釋，而不是只有她過去那樣的一味地自責。在一次會談中，她因爲更淸楚這一切，於是近乎崩潰地大哭。她問說，明明自己從小在家人或朋友眼中，一向都是很傑出的，自己爲什麼將人生搞成這樣，幾乎是兵敗如山倒般的節節敗退。

當年，還是大學生時，追求她的男同學有許多家世或外貌都遠遠優於張先生，以至於戀愛時張先生是如此殷勤，惟恐惹她不高興而失去了她。

我反問張太太：那麼多的好對象，爲何偏偏會選上張先生？

她才憂憂講起自己父母的婚姻，包括連先生也不知道的祕密：原來父親有另外一個家庭。

從小印象中老是在怨歎的母親，是她最大的噩夢。她總覺得是母親能力不足而父親條件太好才造成了父親的外遇。自然地，不知從什麼時候開始，她就覺得自己人生的伴侶應該找一個條件不如自己的男孩子。她反而害怕條件太好的男孩子。曾經有一兩個男孩是自己也十分心動，近乎暗戀的，他們也很明白地表示愛慕之意，卻都是她退怯了。

這原生家庭的祕密不只影響了她選擇的對象，也造成她自己沒察覺的自卑。每次有任何狀況發生，她總是習慣自責，彷彿事事的失敗都是自己所造成的。她不喜歡母親的自憐自艾，自己有小孩後卻也對她們自憐自艾起來。

學習過家族治療的人，必然明白原生家庭對一個人影響之深。家族治療大師薩提爾（Virginia Satir, 1916-1988）甚至在她書的書名就直接了當地指出：「家庭塑造人」！甚至有些家族治療師表示，我們每個人身後都背負著一大掛的家族幽靈，隨時隨地影響著我們，當然也影響了我們如何爲人父母。

張太太因爲原生家庭造成的自我責備的習慣，在兩人關係裡，早早就步步退讓。在先生還沒在公司出事以前，甚至可以說在兩人交往以後，即使是張先生殷勤追求時，其實就開始自我責備而不斷沒道理地讓步了。

作父母，沒有預習的機會

爲人父母這條路是一個沒有預習機會的旅程。

前一陣子，在公共電視的節目裡，一位台灣知名的企業家感慨地表示，他因爲偶然的機遇才開始有機會陪兩個兒子生活，發現自己錯過了許多爲人父親應有的付出。他說，對新誕生的女兒，這次他是絕對不要缺席了。

像他這樣，對自己爲人父母的角色可以反省而承認不足的，已經是相當不容易，也是相當好的父母才能做到的。只是，再作一次（他女兒的）父親，就可以不犯錯嗎？這確實不然（這位企業家也沒這樣認爲。）那麼，雖然犯錯不可避免，但再來一次更好嗎？也許吧，但也沒有絕對的必然。

因爲爲人父母是沒有預習的機會，所有人在成爲小孩的父母時，幾乎是反射動作般地將小時候父母如何對待我們的方式，反應在我們和小孩的相處裡。

這樣的說法，許多人一定會不以爲然。

很多人往往覺得自己當父母是誠心誠意想要當更好的父母，甚至是日後兒女百分之一百滿意的父母，所以下了苦功，包括好好閱讀相關的討論，也包括隨時思索自己的所作所爲，以及自己成長經歷的被對待的方式。這一切努力，如果好好觀察其結果，其實是可以歸納如下：我們察覺曾讓我們不愉悅的教養方式，會努力避免施給下一代；而讓我們喜歡或當年遺憾父母沒提供的，會積極施給下一代；但是，不管好壞，有察覺的只是一小部分，而我們經歷的教養更大的部分是我們完全沒意識到的，也就因此經常是反射式地反應了。

張太太可曾故意抓住兩個女兒來幫忙她和先生之間的平衡？她不只沒有故意，她甚至從沒意識到自己已經有所行爲了。這一切像是被遺忘的記憶忽然被喚起，反射動作般發生作用：只是因爲當年她的母親是抓著她訴苦，她也就對著兩個女兒傷心流淚了。

我們大人總覺得自己曾經是小孩，曾經是青少年，所以就很瞭解孩子們的成長，從小孩到青少年，甚至更大的階段。我們總是如此，自己經驗過的，是比書上讀過的要深刻多了。何況，青少年是自己最刻骨銘心的階段之一，我們更是認爲自己會很瞭解青少年孩子的。

然而，果眞這樣嗎？

當然不是。如果是這樣，所有父母也就不會覺得和青少年的孩子相處是挑戰了。但即便是反射動作式的教養，也不至於全然都是問題——頂多只是些許。更何況，原本就沒有「完美的父母」（perfect parents），只有「夠好的父母」（good enough parents）。

為人父母的最後一課

許多年後，再回來找我的張太太，因爲大女兒的憂鬱症而開始自責，覺得是自己當年作母親的失敗才造成湘雲今天的情緒障礙。許久不見的張太太，會談一開始就說：「我是不是一個失敗的母親？十分糟糕卻不自知。」

從來就沒有會自我省思的失敗母親：會省思，就是有在努力；有在努力，就沒有全然的失敗。

爲人父母原本就是困難而複雜的行爲，更是受到許多層面的顧慮所左右。只是，這一切儘管困難而複雜，一旦上路了，爲人父母就要回到自我相信但保持反省的簡單狀態。

爲人父母本來就是充滿犯錯的過程，是後天不斷學習來的。只不過，好一點的父母知道自己盡力了，夠好就好了；不好一點的父母則還在追求不可能的完美，惹得父母自己和子女雙方都很挫敗。

十多年前，剛剛認識張太太時，她是如此自我防衛而拒絕思考；現在的她，其實有很多眞誠的思考。她只不過還是習慣性地自責罷了。

我告訴她我看到她這十來年的成長，甚至兩個女兒也成長許多。更何況這一次大女兒湘雲的憂鬱，其實是像鳳凰浴火重生般成長前的過程，是正向意義的憂鬱。她其實可以學習信任，相信自己的兩個女兒是有她們生命的韌性和潛能的。

爲人父母的最後一課，就是信任，就是放手。

失去擁抱的少年

在一次工作討論裡，一位同事放映了一段影片。

那是一個頗有名氣的心理學實驗，年幼的猴娃娃有兩個對象陪伴，一個是永遠有食物的鋼絲母猴模型，另一個是沒有食物的毛絨絨質料的母猴模型。心理學家再做一個可怕的外表與電流足以嚇壞猴娃娃的怪模樣玩意，然後試試看：當猴娃娃受到驚嚇時，會選擇哪一個母親客體？

同事在這裡將影片暫停，問了一下我們各自的答案。

這是一個教科書會提到的實驗，大部分的同仁也許都曾不經意地讀過。只是，拜科技進步之賜，包括我在內的許多同事，都是第一次看到這段影片。

在影片中，食物是那麼地惹眼，而毛絨絨或鋼絲是那麼地微不足道，直覺也就幾乎壓過過去的知識（何況是不特別重要到會成爲考題的知識），立刻浮現了受驚嚇的猴娃娃應該是奔向平常牠較常接近的食物媽媽的畫面。

同事將暫停的影片再度開啓，再來的畫面卻是相反的：嚇壞了的小猴，幾乎是飛奔一般，毫不考慮地整個爬上了毛絨絨媽媽身上。

在第一時間，我們幾乎都愣了一下而嘈嘈切切地談起來。一位同事還說：「不是說：有奶就是娘？」

漫長的旅程，孤獨的少年

在診療室裡，一位有禮貌的年輕人只是安靜坐著。他不是耍酷，也不是羞怯，只是單純地沉默。

我忍不住而主動又一次開口找話題：「說說看那些年吧，暑假沒回來時，你是怎麼度過的？」

他是國中二年級就到紐西蘭基督城的，在母親同行辦完寄宿家庭和學校的手續後，剩下一個人，就這麼留下來。

而南半球的紐澳學期制度和北半球相反，就像季節是相反的一樣。所謂暑假，是聖誕節和新曆年，有時還包括了中國人的舊曆年。

他說起了中輟以前最後一次暑假。那是到紐西蘭的第三年了，他知道家裡身為公教人員的父母是不可能提供機票讓他回去的。他開始在每一次的午餐錢裡、在所有的有限零用錢裡，慢慢存錢，慢慢努力有一筆或許可以回家的錢。當然，學期的最後，他知道即便每一頓午餐都省下不吃，還是不可能有足夠錢。

從沒離開基督城的他，開始搭長途巴士到布廉罕，再渡海到北島的威靈頓，然後再從北島最南端坐到最北端的奧克蘭。他說，他也不知道爲什麼要坐車到奧克蘭，他知道自己可以去找一位女孩子，台灣移民第二代的女孩子，在回程的飛機上認識的。當時兩人雖然談得很愉快，可也只有那麼一個航程的相處。

只是漫長的假期，所有認識的朋友都回去了，他也沒好好計算錢是否足夠，就一個人坐著巴士開始漫長的旅途，甚至不確定那女孩在信中的邀請是客套還是有心。

我用問題讓他更明白當時的想法：「也許，在飛機上的那一段談話，是紐西蘭兩三年來最快樂的記憶之一。也許，那個女孩，不一定是愛情，只是在那一陣子，是自己在紐西蘭唯一可以找到的家人一般的親切感。」

多年以後，我才第一次到紐西蘭旅行。我採用的自助式，是從基督城出發的。只不過我的旅程是往南走，到南島南端的但尼丁。

我坐在長途巴士上，慢慢體會到紐西蘭這島的可怕長度。忽然想起那一位個案：天呀，他那一個暑假走的路線，是我這旅程的至少三倍旅程，而且還是來回兩次。

這樣一個漫長而孤獨的旅程，就一個台灣來的中學生，當時個子都還沒發育完成。

自己怎麼都沒有想家呢？

我知道，做爲一位心理治療師，我這一生再怎麼努力分析自己，自己的臨床工作、自己看個案的眼光，還是都脫逃不掉自己成長經驗的主觀影響，也就是佛洛伊德一再說起的，臨床工作人員自己的反向移情（counter-transference）。

在那一次的會談裡，我傾聽的同時，腦海記起了幾幕初中一年級的畫面。從台中回南投竹山的公路局汽車上，人潮塞滿了所有可能的空間。幸運的我，或者說，寧可多浪費一個小時而在下一班巴士到達時可以排在前面的我，整個人挨著車窗坐在最邊邊。記憶中，似乎每一次都下雨了。車廂內的溫氣，將車窗都染上濃郁的霧氣，除了水滴啥也看不見。而我坐在車窗旁，只能安靜看著這些永無止境的水滴，而空氣中氧氣永遠不太足夠的感覺，也都成爲自己最深的銘記。

還有一幕，也是擠公車的。初中一年級讀私立延平中學，在信義路上好不容易擠上○東路線的公車，卻發覺自己碰不到車上的扶持物。而車頂的握環，對當時我的個子來說，像天一樣高。我記得自己沒兩站就下車了，一個人沿著漫長的瑠公圳慢慢晃回去。

那時，偶爾週末接我去她家聚餐的姑姑，主動問起：「會不會想家？」我怔了一下：「好像都沒想過。」

我記得這一段對話是因爲在回答的那一刻，我覺得自己十分內疚也十分地不正確吧。

自己怎麼都沒有想家呢？

奢侈的擁抱

受到驚嚇的小猴，立刻尋找的是任何可能的擁抱，而不是豐裕的食物。任何人類的小孩，在面臨他們無法挑戰的壓力時，也同樣希望自己能有一個觸覺十足的擁抱。

那一個擁抱，最好是觸覺十足的，將自己原本因爲驚嚇的皮膚或血管的反應都可以壓下來；那一個擁抱也最好是翻天覆地的，將自己納入最安全的子宮裡，再也不用面對外面世界的任何一絲；那一個擁抱當然是要有足夠溫度的，讓有些膽寒的自己可以再度被溫暖。

這樣的擁抱是十分奢侈的，幾乎是蹒跚走離開母親後就不可能再尋得的。通常，這時候只想要有一個小小的連接。雖然這連接可能只是理想擁抱的百分之一都不到，但是有了這連接，似乎也就不是那麼孤獨地暴現在殘酷世界裡了。

那連接也許是幾封電子郵件，一些共同成長的老音樂，網路上像臉書這類的虛擬社會，那一位前往奧克蘭的男孩腦海中曾有過的想像。這些，就夠了。

至於那些連這樣的連接都沒有的，心情自然走向下一步，寂寞。而寂寞的再一步，就是憂鬱，就是無感了。

八〇年代以前，歐洲的精神醫學界經常和美國吵一個關於憂鬱的觀念：對歐洲的傳統來說，melancholia和depression是不同的，是兩種不同的低情緒狀態。

關於depression這個台灣翻譯成「憂鬱」，而大陸譯成「抑鬱」的名詞，歐洲的傳統觀念裡是一種反應性的憂鬱，是因爲外在壓力長期無法改變而產生的情緒低落。（根據這觀點，大陸譯成抑鬱似乎較接近：是遭抑制而憂鬱的。）

而 melancholia，希臘文所謂的黑膽汁病，歐洲人則認爲是一種體質的、較先天的、也較屬於人格一部分的憂鬱。也許就像《紅樓夢》的林黛玉，或者是瓊瑤電影流行時的那種憂鬱小生吧。

學得無力感的少年

不斷被攻擊而找不到任何擁抱的猴子，最後會出現憂鬱一樣的表現，這是美國心理學家馬丁・賽格曼（Martin Seligman）提出的「學得無力感」（Learned Helplessness）理論。只是不知道這攻擊不是在成年期猴子，而是更小的階段，也許是幼年，甚至就算是青春期，會不會又不同了？

基督城回來的那位青少年，他是因爲越來越多的曠課而中輟回台。在我和他會談的那段時間，也就是一般該是大學的階段，我也同時發現他的學習問題。當我告訴他父母：雖然他的智商屬優等，但中文程度無法看雜誌，英文程度也無法看報紙和文學性的教科書。他的父母驚愕的表情，直到今天我還清楚記得。

像大部分青少年一樣，他沒有太多情緒的憂鬱，而是更多憤怒。隨著時間過去，對自己的憤怒也逐漸消褪了，取而代之的是對自己的失望，甚至放棄。

我沒告訴他父母這一點，因為，任何方法去說明這過程，都像是在責備他父母當年留學的安排。生命是很複雜的，從來不是線性的因果邏輯可以解釋。所有的決定，在當初，也都以為是最好的抉擇。

就像當年小學畢業，我就開始離家到台北讀書。在命運的滾滾洪流中，我只是幸運地倖存下來了。

永遠是邊緣人

我自己喜歡旅行，也一直認定所有的人都應該喜歡旅行。就像這一刻，剛剛看完書稿想好好寫些文章的我，一方面是因爲閱讀帶來的許多感觸而激動不已，另一方面其實是準備打包行李就要出發去旅行的。這兩件事都是教人緊張，全身肌肉不知不覺緊繃，所有的感覺很容易就落入反射式的動作。

但是下筆寫作的靈感，對我而言，卻是需要放鬆下來，讓思緒緩慢，然後感覺才能像百花慢慢燦放開來，召喚天地之間的靈感。即使如此，自己的思緒還是因爲即將開展的旅行而蠢動不安。

生命太渺小，任何的遷徙都可能遍體鱗傷

暑假到了，就該好好來一趟出遊，歐洲的巴黎或布拉格也好，國內的花東或中橫也是一樣迷人。心理學的研究裡，對人們性格的分析中，有一項變數一直都公認是極爲基本的，也就是對新事物的渴求強度（novelty-seeking tendency）。

有些人喜歡許多新鮮的事物，有些人則避免變化，這是這項變數所指出來的。只是我總以爲這不過是相對的問題，程度不一而已。每個人都還是有

基本的好奇、求變等等傾向的。直到，遇到 Alan，我才知道，原來有些人如此不喜歡旅行，即使只是短距離的移動，連身體都會有激烈抗議的。

段奕倫，我習慣稱他 Alan，是一九九八年回到台灣，那一年經由他母親的介紹而認識的。Alan 的母親施寄青是國內的知名人物，是女權運動的倡導先驅之一，是離婚教母，也是女性的總統參選人。認識 Alan 不久，弟弟 Eric 也回來了，也就是施寄青著名的作品《兒子看招》裡的那位兒子。

許多年來，陸續讀到 Alan 和 Eric 自己講起，或媽媽寫的他們成長故事的片段，這些談話雖然都是輕描淡寫的，但在平靜的言語中，卻經常夾帶著令人心驚膽跳的片段。生命果眞像是我們經常提及的庸俗，像茫茫海洋中小小的一葉扁舟，稍一不小心，就可能命運完全不同的。讀他們講到景美找母親的故事，到加勒比海小島打棒球的神奇，在南非白人貴族學校的勢利眼，或是到了美國忽然要上大學的徬徨，一切都是教人覺得心疼而不可思議。

生命太渺小，以致於任何的遷徙都是可能遍體鱗傷的。所謂的漂泊，根本沒有浪漫的異國情調，也沒有大冒險的氣魄。至於家，根本就是只存在於想像中，只能不斷美化的一種存在。

我想起了猶太人描述自己流離顚沛的命運而創作出一個字：diaspora。是的，流離顛沛是我們之中的年輕世代還沒被討論的宿命。

每一年總會聽到有些父母在談著孩子的前途，在抱怨國內教育制度之餘，計畫著送孩子到歐美或日本，近年更有到中國大陸的。年紀也許是十一年級或更小的七八年級，十分年輕，就準備出發。不管是暑假到普林斯頓補SAT，還是去來台舉辦的英國留學博覽會，甚至是到異國的夏令營，總之，又一個奧迪賽之旅要開始了。

也許別人投以欽羨的眼神，也許是自己也忍不住得意了。然而，不論是掩藏不住的崇拜或酸葡萄心理的不屑，都看不到註定的邊緣人命運。

猶太命運的亞洲人心境

這幾年來台灣的大眾媒體開始莫名地崇拜ABC，美國生的華人，或更準確地說是歐美長大的華人。一位台南出生的女性友人，小學在新加坡，中學到洛杉磯，大學和研究所則在美東的長春藤學校，如今在赫赫有名的跨國金融公司做事。她一路的表現都符合成功的定義。只是，每次有朋友問她是否應將小孩送出國，她卻很直接地反對了。「爲什麼要出國呢？你們不明白會發生多少一輩子創傷的細瑣故事。」她說，即使是現在，除非留在她目前這類的跨國公司，很少能遇到瞭解她這種猶太命運的亞洲人心境的朋友。「永遠是邊緣人，不論回台灣或到美國，不論有多麼成功。」我還記得她講這些話時落寞的神情。

Alan 和 Eric 也是在這個時代迷思中出現的另一種猶太人，只不過是離婚和父親的外交工作所帶來的。

Alan 如此，Eric 如此，他們的母親又何嘗不如此？在一九四九年國共對立後，十萬甚至百萬的生命就開始了無父無母的流離狀態。這些飄離故鄉的子女是因爲戰爭，所有的創傷都來不及細細品舔療傷，下一代因爲「富裕」又開始顛沛流離了。

有些人是眞的不喜歡旅行，不只是最誠實的身體是這樣反應，連清楚的意識也是如此拒絕著。Alan，Eric，和他們的母親施寄青，在這一本難得的書裡（《我的媽媽是名牌》，2009，平安文化），寫出了一直被忽略的時代主題，而且是一整個家庭的。

貧窮，一種集體的創傷

一個個案描述最近與父親的衝突，禁不住又流下淚了。

他已經四十歲了，一位忙碌的專業經理人，早早就離開南部故鄉，平時的忙碌也讓他回家都是來去匆匆的。這是台灣的生活典型之一，相信很多人都是這樣。

這次爸爸一位移民美國的好友回台灣了，堅持要求個案在某一上班日回家，個案也就答應了。他還電話訂好鎮上最好的餐廳，交代菜餚，當天早早開車回去。因爲從小他就知道，這是爸爸最在乎的童年好友，當年地方醫生之子的對方考上省中、台大，後來就留學移民了；而爸爸則是考上公費的師範，最後是小鎮的國中校長退休。爸爸要他回去，其實就是要讓他的好友好好看看這個也是台大畢業的兒子。

只是那一天，聚餐結束後，原本一直都很得意的爸爸，不小心聽到結帳的數目，神情開始悶悶不樂，直到回家才爆發出來。我的個案激動地說：「到底他要什麼？要擺場面一定要花錢，而且小鎮的餐廳也沒貴到哪裡去。」

其實他從小就受苦於爸爸的節省和吝嗇。小時候穿著哥哥留下舊衣等等倒還好，到了城裡唸高中就開始衝突。特別是，他發現小鎮上大家都知道爸爸的吝嗇，甚至偶爾還會調侃一番。

爸爸在家裡塞滿東西，全是公家機關或地方活動的贈品，陽台上隨便就可以清出幾十條毛巾，上面印有「民國七十五年運動大會紀念」之類的，可是自己浴室的破舊毛巾卻捨不得換，甚至也捨不得拿出來讓難得回家的孫子們用。妻子也學乖了，這些年陪他回去都是自備毛巾等等，只是偶爾抱怨：「比出國還麻煩。」

其實這樣的情形在台灣並不少見。經濟上足夠充裕了，但節儉的習慣還是依舊，甚至是隨著年紀越來越明顯。

永遠不夠的匱乏感

在我們的文化裡，吝嗇原本就是社會對老人幾種常見的刻板印象之一。廿多年前，剛開始當精神科住院醫師時，台灣許多的慢性精神分裂患者都有不適當的囤積現象。那時，要求要盡可能英文記錄的病歷，在精神狀態裡總有「garbage collection(+)」的字樣，表示有收集不必要物品的傾向。

然而，隨著時代的富裕，這樣的個案雖然仍是常見，但確實少多了。同樣地，老人的吝嗇也越來越少成為大眾媒體裡（如連續劇）的諷刺主題了。

只是，對貧窮的恐懼眞的就過去了嗎？

在我們當下的文化裡，這一股恐懼其實是掩藏在不同的面貌下。積極賺錢依然是我們的特性，前一陣子校園十二金釵的話題，可以看出學生急於打工的普遍現象。打工原本是被鼓勵的，但如果我們更仔細觀察這一現象，跟西方國家的青年打工不同的是：西方是有逐漸獨立的必要而打工，是邁向獨立的手段；台灣則是永遠不夠的「匱乏感」，是爲了擁有更多的過程，避免與父母發生衝突，而不是要減少對父母基本依賴。

學生如此，大人又何嘗例外。前幾年股市裡擠爆頭，這幾年則是往房地產鑽。不論股市或房地產，大人們自己內心深處的那一股不安全感（不論是爲自己或是爲子女的），還是明顯可見。

不成比例的恐懼，是從哪裡來？

害怕匱乏而永遠覺得不足的積極賺錢，是一種「恐懼貧窮」的面貌，「怕輸別人」則是另一種面貌。

十多年前，新加坡報紙有一漫畫專欄頗受歡迎，專門諷刺一般民衆的生活態度。裡頭的主角就叫「Mr.驚輸」（後兩字用閩南語發音）。新加坡國慶典禮，鄰居拿到入場劵，他也非要替家人弄到不可；麥當勞開始推出套餐送小玩具，他也要到處奔波終於湊齊一套。新加坡民衆看這些漫畫就是在諷刺自己，哈哈一笑，生活有人理解也就可以暫時放下了。

同樣的現象不知不覺也出現在台灣文化裡。不同的是，台灣民衆或許經歷太多政治和商業操作的心理攻勢，也就不容易相信各種廣告語言。只是，一旦能突破這一點，開始擄獲人心的信任了，立刻就成爲全民運動。前一陣子流行的拍打治百病，不就是這樣？每個人拿一根棒板，拚命往自己身上打。

第三種現象則是較悲慘，全家集體自殺的例子增加了。

這種「全家集體自殺」的例子，如果仔細檢視，幾乎都算是中產階級。其中有淪爲新貧的中產階級，但也有一些周轉不及的中小企業老闆。而且這樣的自殺往往只是男主人自認爲走投無路，妻子小孩則是默默承受或是被強迫的。

如果我們再進一步理解，這些因爲財務而自殺的家庭，其實是不見得走投無路的。如果願意放下身段，花個十年二十年，東山再起是有可能的。只是，除了法律和地下錢莊的黑道糾纏問題，還有其他社會壓力。也許是自覺在同儕之間太丟臉，也許仍以過去充裕優渥的生活作為唯一活下去的標準，但可能是對於淪爲貧窮的一股莫名的恐懼。

對於貧窮的恐懼似乎是一股揮不去的陰影，即使台灣已經經歷這麼許久的穩定和富裕了。在還沒完全過去的全球性金融危機裡，甚至是從九二一到八八等等的天災中，對台灣而言，財富的損失是事實，但瀕臨匱乏的情形其實並不多見。這時，我們不禁問：這些不成比例的恐懼，又是從哪裡來的呢？

貧窮的陰影

一位離婚的女性，在會談室裡欲言又止地說起她這一波金融危機的損失。這是一位會談進行半年多的個案，卻是我第一次對她的財富有個初步的概念。她因離婚贍養費獲得的財產，恐怕沒有幾個白手起家的人一輩子可以賺到的。相對地，她所說的損失，那一股強烈的不安，也就更顯得不成比例了。我開始想到這半年來她對治療費用的錙銖必較，好像這一分一毫都會影響她的生計。我們開始討論貧窮，她父母隨蔣介石流亡來台的故事，甚至是穩定下來以後又恢復上海人的那種只重排場而不在乎孩子實質經濟壓力的態度，其實是她作爲早期留學生，卻是同儕中最沒錢，而遭各種細微歧視的故事。

雖然台灣富裕許久了，貧窮的陰影卻始終存在。居住在台灣的人們，除了原住民，不管自稱本省人、外省人，還是最近的新住民，自己的家族故事裡似乎都有著說不完的逃難與貧窮。這些歷史究竟產生多少影響呢？恐怕是過去的心理學專家所忽略了。

也許貧窮本身就是一種創傷，一種集體的創傷。而且，就像其他創傷一樣，創傷過程的故事也許流傳下來，也許根本沒聽聞過，但，這股創傷所造成正向與負向力量還是一代又一代傳下來了。

這些集體創傷的負向力量，在任何相似的威脅逼近時，不管現在能力是多麼強大，都還是有同樣的自我保護反應。就像一個已經成長爲身材高大的男人，如果童年被狗嚴重嚇過或傷害過，聽到狗吠或其他逼近感出現時，忍不住都還有進入警備狀態的反應，只不過表現的方法不同，外人不一定看得出來罷了。

美國的社會工作這些年來開始注意到大城市內在貧窮所造成的財務創傷（fiscal trauma），但是只是強調下一代對未來比較不容易有正向的看法，甚至於甘於毀滅的宿命觀。

國內學者則有一些間接且只是特定人口的研究。譬如黃淑玲教授就曾指出，母親年輕時曾從事色情行業的，其女兒從事相關活動的比例明顯增高。只是這研究並沒從創傷的代間影響來討論。

但我們如果將這一切研究放大，將我們個人或我們周遭的生活經驗結合起來一起看：有沒有可能，對貧窮的恐懼，已經成爲我們的文化情結（culture complex）？

如果是這樣，對於前總統夫人吳淑珍的貪婪，也就多了一種瞭解。

男孩失落的男性氣概

雖然，直到現在，對大部分的人來說，鬧得沸沸騰騰的塑化劑究竟是啥東西，相關的一些專有名詞，像是起雲劑之類的，又是啥東西，是仍然搞不清楚的。但是，二〇一一年六月的塑化劑事件，對於台灣的父母而言，它不只是小孩的食品健康問題，甚至是小孩未來的性能力問題了。

一群媽媽在電視上或平面媒體的採訪裡，紛紛關心起自己兒子的生殖器大小問題，甚至還比手畫腳地形容具體的長度和尺寸。她們擔心因塑化劑對人體發育長期的影響，自己的男孩子，即便是三、五歲的小男生，在男性生殖器也受影響了。

這樣的狀況，媽媽們公開討論自己兒子的性器官，恐怕是台灣歷史的一刻：精神分析式的說法，媽媽與兒子之間的欲望，原本因爲亂倫的禁忌而潛抑在潛意識層面的，也許是傳統父權的社會結構早已不知不覺地鬆動改變了，如今，因爲塑化劑話題的觸發，開始可以在意識層面更明顯地公開這種欲望的連結了。

這種說法雖然十分佛洛伊德，但是，整個意涵恐怕是值得細細思索的。不過，除了這樣的解讀，另一層面的意涵，也許這群媽媽所關心的，不只是性器官問題，而是自己男孩現在或未來的男性氣概（masculine）問題了。

這樣的思考，我們也可以說是十分榮格的。

李慕白，我們文化中的男性形象

從七〇年代以後，美國社會開始擔心自己的男性開始越來越軟趴趴、越來越娘娘腔。特別是在七〇年代女權運動的相對積極有力，再加上整個運動雖然陽剛陰柔皆有之，但陰柔原本就是社會刻版印象對女性的預期，自然其中的陽剛也就成爲一般（男）人唯一注意到的部分。男性對女性的陽剛開始有所注視，開始有更強烈的閹割焦慮，而開始反應成對外的攻擊（對女性或同志團體的猛暴攻擊——因爲來自恐懼而更激烈），或是對內的要求。在這樣的社會衝擊，所謂男性對自己內在的要求，最具體的例子也就是男性運動了（man's movement）。

在華人社會裡，男性權力的社會型態，從來都不像美國文化約翰・韋恩那種西部牛仔硬梆梆的存在姿態。在我們社會，李安所導演的「臥虎藏龍」裡，周潤發飾演的李慕白，才是較接近我們文化中的男性形象。

這兩種形象所代表的男性，其中的明顯差異是需要相當的篇幅才能說清楚。只是，隨著全球化的文化影響，台灣也好，中國也好，開始出現越來越硬的男性形象。這種硬形象，雖然和美國文化有所差別，但比過去似乎更接近一些。總之，在現在的台灣社會，比起過去，男性是被要求要更硬一些了。

男性被要求要更硬一些的同時，我們社會卻不允許更多的空間給軟男人。

我們看到不只是更多同志的空間，也看到有男人可以十分娘的方式公然存在，像日本社會近年所謂的草原男，在台灣也是越來越明顯。但是，這代表台灣更開放了嗎？關於這樣的問題，恐怕是要保留的。嚴格說來，上述矛盾的涵容能力只存在於「看得見」的社會空間。所謂看得見的社會空間，是屬於媒體會注意而他們也有能力知道在這資訊的社會中要如何去說和去引起媒體的注意。然而，更多是「看不見」的社會空間。

在看不見的社會空間裡，這種涵容能力恐怕是不一定存在的。舉例來說，中小學各級學校裡的霸凌事件，即便是教育部來文注意也有些行動了，但還是越來越嚴重。

學校越來越多的霸凌，和媽媽們在擔心自己男孩的男性氣概，這兩種現象的同時出現，不能說是巧合，這兩者的相關性，恐怕是有因果關係的。

在現今的台灣社會，究竟是男性氣概越來越不足（我們的男人越來越軟趴趴了），還是對男性氣概的要求越來越高呢？還是兩者皆有之？這問題就算是在男性長期的展望研究（prospective studies），恐怕是沒有絕對答案的。

對男孩未來男性氣概的焦慮

榮格學派也好，佛洛伊德學派也好，媽媽們（或者說父母們）的關心和男性氣概原本就是兩個互相牴觸的存在。

出生波蘭華沙的德國心理學家愛莉絲・米勒（Alice Miller, 1923-2010），這位剛剛去世的偉大兒童心靈探索者終其一生不斷提醒父母，在撫養兒童過程中所必然帶來的創傷。對她而言，父母的撫育，不可避免地會有父母自戀性的投射。在這投射中，父母選擇了他們要的或認爲是好的部分，卻也壓抑了也就是虐待了他們所不要或不好的部分。這也就是她所謂的「自戀的虐待」（narcissistic abuse）。

對父母來說，自己兒子的男性氣概是不被他們所期待的。在台灣塑化劑事件裡，在電視上或兩性媒體擔心自己兒子的生殖器／男性氣概是否受傷，其實僅止於那些兒子還是學齡前，頂多是小學的小孩而已。成人的男性氣概，特別是那些充滿積極性和攻擊性的，還有性指涉的，是媽媽所不願看到，也不是家庭空間中所允許的。

我們很難想像，像郭台銘這類被稱爲梟雄的企業強人，也以同樣的的姿態去面對他們的父母；我們也很難想像，像阮經天這類男性性感偶像，用十分性感的眼神在凝視他們的父母。

男性氣概和家庭撫育，原本就是衝突的存在。《鐵約翰》（*Iron John*，中文版由張老師文化出版）這本在男人運動中被許多人視爲聖經（至少是最有影響力的一本書），清楚地指出這一點。作者是美國詩人羅勃・布萊（Robert Bly, 1926 生），他的思想是在榮格的大傳統下，特別是受到美國榮格學派大師坎培（Joseph Campell, 1904-87）和希爾曼（James Hillman, 1926-2011）的影響。

鐵約翰的故事是來自格林兄弟童話裡的〈鐵匠漢斯〉故事中的小王子，原本是父母所疼愛的，只是當他的玩具金球滾到關著野人的籠子裡，爲了取回金球而到王后（母親）枕下取出鑰匙，一切就改變了。

野人代表的是男孩失落的男性氣概，是父母不准的（所以鑰匙放在枕下藏起來，而野人則是關在籠裡）。只是一旦男孩擅自取出鑰匙，也就代表著他將要離開父母的規矩，離開這個家園，才能重新拾回他的男性氣概了。

離開家園，自我野性的探求

對所有家庭裡的小孩來說，離開家園意味著自我野性的追求。這種追求，在心理學家艾瑞克森（Eric Erikson, 1902-1994）的說法，是自我認同型塑的開始；對榮格來說，則是人們開始和自己的陰影（shadow）接觸，開始看到和喚醒自己身上原本就有的男性氣概。

至於，焦慮的父母又該怎麼辦？

父母也許該學會笨一點，學會失能一點。

當小孩開始有些好奇心地往外探索時，我們要果眞沒注意到；當小孩開始有自己的祕密時，即使是上網看A片等等，我們要笨到沒任何感覺；當小孩躡手躡腳偷溜出去時，我們要遲鈍到裝呼呼大睡。

所謂的父母之愛，是用在陽光下，彼此樂在其中的。至於陰影下的，父母就不要再擠進去，徒然是製造了緊張，也失去了（也別毀了）男性氣概的機會了。

對自己的美，永遠都覺得不夠

最近工作上有些設計相關事務的需要，也就打給許久沒聯絡的M。M是我大學將畢業時所認識的朋友。那時，我上台北實習，M則是從歐洲留學回來，還帶著一個外國老公。認識的那一年，我在馬偕醫院當最不惹眼也最操勞的實習醫師，M一家則是住在中山北路，許多週末的晚上是在這對年輕夫婦家混過的。

電話裡談完正事，自然就會想起她老公和小孩們。原來大兒子已經回歐洲唸大學，而小兒子也將在明年夏天一樣去歐洲。她笑著說：「你太久沒看見，搞不好在Pub遇到過都不認識。」

二兒子長得高，才高二而已就認識幾個想當藝人或模特兒的男孩子，經常週末結伴一起去Pub溜達。M也不擔心老二年輕喝酒的事，只說，這老二太愛漂亮了，每次喝點酒就擔心長出痘痘，所以根本不敢喝，也就不需要他們做父母的多管。

M媽媽繼續說：「我真沒想到自己怎麼生出一個這麼愛漂亮愛打扮的小孩，照鏡子的時間早晚要花二十多分鐘，稍微冒出痘子就整天生悶氣，甚至還失眠呢。我和他爸爸問他，他就說你們大人不懂啦。」M頓了一下，自己笑出來說：「哈！好像我阿嬤。」我知道M的意思。二十多年前我們一票人在她家混時，M一起同住的祖母經常半抱怨半開玩笑地說：「你們在玩什麼？這樣有什麼好玩？」而M就是回答說：「你們大人不懂啦。」

不同的時代，不同的價值與迷戀

不過M對小孩在乎外表這件事，的確百思不解。在我們自己十分波西米亞的年輕時代，生活雖然是享樂的，基調上卻是簡單樸素的，甚至有一點反物質的。我還記得一九九三年時，去年才去世的德國舞蹈家碧娜・鮑許（Pina Bausch）第一次到亞洲表演，我們一群朋友都跑去香港朝聖了。在那個寧可省吃儉用擠青年旅館的日子裡，大家忽然發現一起同來的前衛劇場導演L去買了三件名牌衣服，那一股震撼反應在大家的冷嘲熱諷裡。對於那一年的記憶，和當年那齣「一九八○，碧娜・鮑許的一個舞蹈」一樣深刻的，就是「名牌」開始侵入藝文青年的外表了。

在這樣的背景下，儘管我們盡可能考慮不同世代不同文化的差異，用我們的思考來理解當下年輕人的物質態度，恐怕頂多也僅能表示「瞭解，但無法接受」的反應。

當我的青少年個案開始談起他自己是如何辛苦打工儲蓄才買到那一雙限量球鞋，或是那一件果眞很好看的某某名牌外套時，我雖然可以肯定他們的毅力和付出，但還是要告訴他們說，「萬一你從我的語氣或態度上感覺到我還是有那麼一絲的不認同，請你要原諒，因爲這些想法和我年輕時差很多，很震撼，我還在學習」之類的話。

究竟怎樣的價値觀才是「正確」的？在我們那一時代，整天迷搖滾音樂時，爲了一張原版黑膠唱片而省吃儉用，連三餐都可以不顧了。那時我們年輕，理直氣壯。儘管父母覺得不可思議，但我們到現在還是認爲自己是對的。同樣地，當他們爲了一件名牌而省吃儉用，又是如何的想法，讓我們覺得這樣的選擇是「不正確」的呢？我們（身爲父母的時代）現在的不以爲然，又能比當年父母對我們的規勸，高明到哪裡去呢？

一位定居英國的朋友，兩三年回來一次，每次幾乎都聽她說：「現在的台灣人，越來越漂亮了。」走在大台北市信義區的她，指的雖然主要是穿梭往來的年輕人，但是，「連中年人也越來越好看。」

在台灣，大家常說，人民的素質越來越高，越來越懂得生活。這「懂得生活」一事，其實就包括如何讓自己好看。然而，這是一種素質，一種生活方式，其實是要花時間去學習和揣摩的。

我們的年輕人花在鏡子前的時間越來越多，電視節目討論外表的話題也越來越多，我們大人們一方面雖然有不同的意見，一方面其實又從源源不絕的資訊暴露中，早已經不再抗拒被「潛移默化」而學會如何讓自己更好看了。

只是，要多好看才夠呢？

厭食症，極端的代表

這讓我們想到另一個極端，對自己的美永遠都覺得不夠的趨勢。或許，「神經性厭食症」（anorexia nervosa）就是這極端的最典型代表吧。

神經性厭食症可能在歷史上早就出現了。包括英語在內的歐洲語系目前仍沿用的名詞，其實是十六、七世紀疾病觀念的產物。拉丁字的形容詞在後，nervosa 本身有點像英文的 nervous 或 neurotic（現在台灣的譯法前者是神經質，後者是精神官能症），其實都是文藝復興以後的人類開始敢解剖自己的身體後（以前是不可窺探的，因爲人體是神／造物主／上帝的神聖產物），發現人體裡有神經系統，所以就將所有找不到專屬器官的問題都歸神經系統。

比這些瑣碎症狀再進一步不尋常的症狀，也是沒有專屬器官又太奇異到人類仍然無法理解的現象，則又歸還給上帝，而稱之爲心靈問題，psychic或psychotic（現在台灣譯法是心靈的／靈通的或精神病的）。至於心理／心理學的概念，在那個人類的行爲、思想和結構紛紛被自己命名的時代，其實是還沒誕生的。

神經性厭食症這名詞出現在心理的觀念之前，以致於有了一個因爲是十分生物學而極不達意的形容詞「神經性」，大家也就很習慣地略去，而稱之「厭食症」。

如今，在診斷裡，不論是《精神疾病診斷與統計手冊》（DSM）還是《國際疾病傷害及死因分類標準》（ICD），神經性厭食症都是和「神經性暴食」（Bulimia Nervosa）放在飲食疾患（eating disorder）下。

厭食症再次被西方的臨床專家注意到，是六〇年代以後，最著名恐怕是七〇年代紅極一時的木匠兄妹雙重唱的妹妹凱倫了。她在一九八三年的猝死，喚起世人的注意。

厭食症來到亞洲就慢了許多。一九八八年我在台大精神科當住院醫師，當時急性病房來了一位神經性厭食症的個案，後來由同事曾美智醫師（現今台大醫院精神部身心科主任）寫成個案報告，成爲台灣第一例有紀錄的神經性厭食症的案例。

從那以後，台灣的厭食症案例迅速增加，在九〇年代增加到某一程度就維持住；反倒是暴食症的比例越來越高，甚至是女中學生的次文化了。

一九九〇年左右，有一位從倫敦 Tavistock 診所來的家族治療師兼精神科醫師到台大精神科演講。他是以厭食症患者的家族治療聞名於世的。他便表示，在更早的四五年前，他同樣應邀到亞洲，新加坡也好，香港也好，都要求他換題目不要講厭食症，「因爲這裡沒有這種病」；可是，才四五年後，上述的這些地方，包括台灣，都開始問起厭食症的治療。

美，沒有標準

芳郁是我總住院醫師時，第一次直接照顧的個案。她被送進來住院時，已經是皮包骨的三十三、四公斤左右而已。那時的台大病房對厭食症已經開始有些治療經驗了，也就反應迅速地進入備戰，快快照會內科和營養科一起來照顧，包括強迫灌食、點滴廿四小時不斷的營養供應等等。在這麼低的體重，心肺功能處在極端的環境，是可能隨時猝死的。所以，強迫醫療是必要的，而傳統精神醫學重視的溝通是完全無效的。

我還記得當時的母親也好，我和同仁們也好，都試著要告知猝死的危險。可是芳郁的腦海只是擔心她好不容易減肥比較成功了（但她不認爲足夠——雖然快沒命了），變比較好看了（其實是皮包骨的骷髏狀），卻可能被這些強制的養分所破壞了。記得當時的電腦斷層掃瞄顯示，腦室和腦裂的擴大，像極了老年痴呆症的病變，大家也都以爲眞的「神經性」症狀是存在的，再也變不回去了。（後來才知道多慮了，國外期刊也陸續報導這發現，原來那是腦細胞集體減重，失脂太多而收縮的體積效應，往往恢復正常體重後，大腦形貌也跟著恢復了。）

芳郁漸漸恢復時，體重雖然還不到四十公斤，但可以慢慢交談了。她對自己外表認知的扭曲，也就成爲治療上的重要目標之一。她表示，雖然她太輕了，理想體重應該是四十二公斤才夠，但是，她部分的身材，特別是屁股，實在是太大了，醜得她根本不敢上街去。

任何的病房工作人員聽到她這麼一說，都忍不住看一眼她的屁股：根本就是皮包骨嘛，怎麼會太大？還記得一位護士忍不住扭屁股朝向她問說：「那我的呢？我的比妳大不是更丟臉嗎？」芳郁果眞正經八百地說是比她大，可是很好看。總之，繞了半天，就是她的屁股永遠太大而難看。

爲了改正她這一點扭曲的認知，我們還特別要她媽媽拿些當年的照片。那些年台灣才開始流行拍個人沙龍照，喜歡時髦的芳郁，在惡化前也拍了一組。

我在會談時指著其中一張照片，說：「這一張呢？我覺得好看極了。」原本十分融洽的會談氣氛，倏忽變得冰冷。芳郁的笑容變成憤怒，說：「王醫師，你在開玩笑嗎？」我嚇了一跳，很緊張地想一想自己到底哪裡錯了，卻又百尋不著。當年年輕還稚嫩的我，有點抖抖的聲音說：「我眞的不知道，我看不出問題。」她很生氣地指著照片中的手臂，那是一個回眸側照的半身相，夏日露肩的手臂就在中央，說：「你不覺得像豬腿一樣粗嗎？」這答案太出人意表了，我根本忘了保持中立而忍不住接腔說：「沒有吧，我看是很漂亮呀。」那一次會談後，連續好幾天，我去病房找她，她都不搭理我了。

人們對美的標準，特別是自己的美，其實是可以十分極端偏見而不自知。而我自己的標準，又可以好到哪裡去呢？

自戀的文化

一對父母因為學校的處置態度，氣吁吁地來找我幫忙。

我能做什麼呢？一個心理治療的專業人士，跟學校的輔導室是經常打交道；但是，跟學校的風格文化之類的，似乎插不上手。也許他們找錯人了，他們應該是去找人本教育基金會或全國家長聯盟之類的。

然而，我終究還是和他們見面了。一方面，我的祕書向他們解釋半天，他們還是很堅持；另一方面，我和他們之間的共同朋友，也就是介紹他們來找我的這位朋友，向來是很明理的，會介紹他們來找我，應該是有啥道理的。

我是在這樣的情況下，見到呂淵的父母。

呂淵是某個知名私立高中的高一學生。當初的學測成績，他是可以選擇前幾名的公立高中為志願的；不過，在父母的諄諄討論後，他還是選擇這一所私中。父母當時很誠懇地向呂淵表示，他的個性仍然不夠果決、不夠積極，在這情況下，公立高中的自由風氣如此誘人，呂淵能持續自己國中時代的意志力，繼續往前衝嗎？父母向呂淵表示，一切選擇父母都接受，可是，在這種邏輯下，向來不是很有自信的呂淵（這一點，他的父母沒有判斷錯誤），能夠不落入父母強烈暗示的邏輯嗎？

第一學期，呂淵便有些後悔了。特別是和昔日的國中同學聚會時，聽他們說起在建中、附中，甚至是和平高中或內湖高中，各式各樣的精采社團活動，呂淵總是很沮喪自己的學校裡，這些電音社、熱舞社或動漫社，不是沒有，就是聊備一格，根本看不到任何同學投入同樣的熱情。

特別當第一次月考成績發下來時，呂淵發覺自己才名列班上第九名，他簡直慌了。原先，他以爲依他學測的分數，在班上前三名一定跑不掉的。再加上他認爲自己既然犧牲了自由的高中生活，自然在成績上要有表現；當然，也再加上他還記得父母說的他不夠堅毅果決，他也同意了，也因此，擔心自己果眞失去名次後，就失去了毅力。這一切原因，他自己幾乎是慌了，從來沒有的慌亂。

只是，就像大部分的青少年對自己情緒的覺察能力是有限的，呂淵也沒意識到這一切慌亂，以及這慌亂對讀書專心應有的安心所造成的負面影響。可想而知，第二次月考雖然他覺得自己更努力了，結果名次才進步一名。這時，他整個人更是嚇壞了。在這情況下，不知什麼時候，他開始有了作弊的念頭。他當然是內心掙扎的，可是，又擔心下一次仍沒把握領先，也就慢慢地開始進行作弊的計畫。

總之，呂淵後來還是作弊了，而且，很快就被老師發現，在班上產生了一次不算小的風波。

自戀之怒

在這講究升學的私立高中，老師是經常遇到呂淵這種情況的：爲了有更好的成績紀錄，即使是成績不錯的學生也可以不擇手段地作弊。除了班上同學知道這件事，學校的老師也稍微有所耳聞。只是，當呂淵的父母到學校來討論時，他們的論點讓老師們對呂淵更加印象鮮明了。

來到學校的父母倒不是否認自己的小孩作弊，相反地，他們不只接受，還當著面對呂淵表示難過和遺憾。只是，他們不斷地提醒老師們，是否應該好好反省學校的升學主義，以及同學們之間過度競爭的這種氣氛。他們不斷強調：如果呂淵不是讀這一所私中，這一切也就不會發生了。

主任和老師們對呂淵父母的論點雖然同意，心中卻有一股細膩而強烈，但卻又不知從何說起的憤怒，只是在內心O.S.著這類的話：「如果是這樣，當初爲什麼要送呂淵來這學校？」

老師們的憤怒是可以理解的。教育是他們的專業，學校文化也是他們努力發展出來，是為了贏過公立高中，找到好學生的唯一可能。如今自己的專業和自己的心血，居然被這兩個外行人「訓斥」。在這情況下，任何人都會有精神分析所講的「自戀之怒」（narcissistic rage）：通俗的解釋，就是我們平常所說的「惱羞成怒」。老師們照道理沒有失控而當場外顯（acting out），而是像我們一般人一樣，乍看是平息的，其實這股怒氣卻不知不覺地轉移了。

如果我們跟老師一樣，我們的專業被別人用一種很細緻的方式羞辱，卻無法反擊，甚至連將委屈說出口來都沒辦法，自然會不知不覺地隨時找其他的事物來做出口的。於是，當呂淵在下學期的某次數學考試時，寫太快而不自覺地抬頭東張西望時，監考的老師（也就是授課老師之一）立刻認定他又作弊了。而且，不只是這位老師，所有老師都不懷疑這個「事實」。

父母又來了。可以想見，呂淵的父母走進學校的模樣：他們臉上的表情流露出的義正詞嚴。

成熟的自戀，是自信

每個人都有他自己引以為傲的核心價值，這裡頭經常是包括我們投入心力的專業在內，也包括我們自己對自己人生的許多領悟和看法，還有更深層而不自覺的許多經驗。依佛洛伊德的講法，這就是我們的自戀。

每一個人，包括每一個正常的人，都會有他的自戀。自戀的存在，原本就是一個人應該有的心理機制。甚至自體心理學這一派精神分析的祖師爺柯赫特（Heinz Kohut, 1931-1981）認爲一個人的成長就是在追求更成熟的自戀。也就是說，佛洛伊德學派裡有些人將自戀視爲相近於榮格自性化（individuation）的相近意義。

越成熟的自戀，自然是越自信，也越能覺察自己的情緒和這情緒背後的原因。在這情況下，也就不會被激怒，不會有所謂的自戀之怒了。

然而，大部分的我們，甚至是有一定經驗的心理治療師，當自己的專業被挑戰或痛處被觸及時，自己的自戀被傷害了，自然是會抓狂的——只是大部分的時候，受文明馴化的我們都壓抑的。只是，自戀之怒不像其他情緒，它在不被自我察覺而只是壓抑時，是不容易內化成其他身體或心理的表現；通常，它像一條躲在暗處的蛇，抱著「君子報仇三年不晚」的態度，隨時一有機會就飛奔噬咬來加以報復。

只是，又是誰能讓這麼多的老師都抓狂呢？

通常，這樣的人有更爲嚴重的自戀，大多可以說是自戀人格了。想想看，當呂淵第一次眞的作弊時，他們乍看是接受了這個事實之後，仍然可以義正詞嚴地表達他們的偉大理念，甚至在描述這些偉大的字彙之間，不知不覺的方式，很優雅地將老師們都攻擊了。

究竟是怎樣的人，才能有這般的本事？又究竟是這樣的心態，才可以這麼容易地跳過自己（孩子）眼前的錯，而直指別人較遙遠、間接且不緊迫的「問題」？

i自戀，i主義

我們這一時代，是越來越自戀了。

八〇年代的美國，也曾經歷過這一階段。他們一位知名的歷史學家兼社會評論家拉許（Christopher Lasch, 1932-1994）就寫了一本《自戀的文化》（*The Culture of Narcissism*, 1979）描述了這些現象、原因和帶來的問題。

我們這一時代，在某些方面，越來越接近拉許描述的八〇年代美國。當台灣華人社會的家族文化慢慢瓦解，剛剛冒出頭的個人主義（individualism）

似乎不可避免地走向自戀的階段。

當時代的氛圍越來越自戀，身處其中的我們當然也不可避免地比我們父母那一代更自戀了，而下一代可能又比我們更自戀些。我們喜歡說下一代是「I」世代，從i-Phone、i-Pad，到I want、I don't，所有都是「I」；我們其實也該想想，在我們父母的眼中，我們其實也很「I／我」主義？

當大家都更自戀，自然就會有更多符合自戀人格的人，包括自戀的老師，當然，也有越來越多自戀人格的父母。

在會談室裡，當呂淵的父母向我陳述事情完整的來龍去脈時，我便開始明白我們共同的朋友爲何建議他們來找我。

我聽著他們的憤怒，和偶爾不自覺地流露出來的得意，腦海開始想：我要怎樣才能將話題從學校文化這類的大議題，轉到呂淵的相關問題？怎樣開始揭露他們的自戀而不激怒他們，包括如何避開他們不自覺的競爭本性？最重要的，怎樣讓他們察覺自己的自戀如何影響了呂淵？

自戀的父母往往以愛爲名，卻剝奪了小孩的自我健康發展的機會。

當全能小孩長大之後……

最近翻了幾本美國剛出版的書籍，都是關於「自戀父母」的，是一位在美國求學的過去個案推薦的。他寫給我的電子郵件裡，問說：「現在自己越來越明瞭如何抽離來處理跟父母的關係了；只是，擔心的是，自己以後會不會也不自覺地成爲不夠成熟的父母？」

八〇年代，西雅圖一位兒童精神科醫師湯瑪斯・米勒（Thomas Millar）（後來遷居溫哥華）提出「全能小孩」（Omnipotent child）的觀念，探討少子化的美國小孩。所謂的全能小孩，用最簡單的話來形容，就是九〇年代後，在台灣也好，中國也好，都普遍注意到的「小霸王」、「小皇帝」現象。

因爲少子化，小孩成爲稀有動物，圍在四周的大人所共同關心的焦點。因爲擁有的注意力是如此之多，幾乎不可能被忽視，也就沒有所謂的「適當的挫折」了。孩子是經由適當的挫折，才學會注意到外在世界的存在，慢慢瞭解原來自己不是宇宙的中心，甚至只是現實世界中微不足道的存在。同樣地，孩子也因爲適當的挫折，透過自己的沒被摧毀，甚至加以克服，才有眞正打從心底的自信心，而不是小霸王那種乍看強勢其實是不堪失敗的。

只是，當這些全能小孩都長大，甚至成爲小孩的父母以後呢？

比自己的小孩更在乎掌聲

在還沒回答這個問題之前，我想到美國社會學者拉許的名著《自戀的文化》。他批評九〇年代的美國文化是典型的自戀，活在一個自我感覺良好的世界。所謂自戀，也就是那一種「全能」或「無所不能」的感覺持續存在，甚至是用盡辦法來維持和證實這能力還是存在的。

拉許在九〇年代的社會觀察，如果銜接上之前米勒關於全能小孩症候群的提出，也許我們可以說：在美國，八〇的小霸王成爲九〇年代的自戀文化，在世界之交變成有了自己小孩的自戀父母。到如今，二〇一〇年了，這些人的小孩也長大了，他們開始思考：怎麼回事了，自己的父母？

有一個個案提到自己的煩惱，太太爲了從沒上台與小孩領獎而和兒子正緊張。原來小孩所就讀的是一所相當有名的私立學校，這幾年對學業前幾名小孩的頒獎，開始安排父母也一起上台領獎。他說，有些家長甚至盛裝出席，與小孩一起十分正式的擺出各種姿勢趁機與校長合影。太太生氣的是小孩的功課一直都沒好到讓她有上台的機會。

個案是關心妻子與孩子之間的緊張關係，可是我卻不禁想到不同重點的畫面：父母興奮地上台領獎，比小孩本身更像小孩地在乎這一次又一次的掌聲。

究竟誰才應該是衆人目光所注視的？小孩？還是還沒長大的父母？

還沒長大的父母

在台灣經濟起飛的七、八〇年代，有些早早成功的父母不知不覺對小孩無限的誇讚與包容，在少子化還沒到臨的時代，就造就了不算少見的驕寵小孩。也有一些父母，將時間全投入到起飛中的事業，對於被自己忽略的小孩也就只能用無限的物質來滿足了。當然，也有一些全然被忽略的小孩，因為自己的資質優異而不知不覺知道如何獲得父母之外大人的注視。這些不同情境長大的小孩，雖然還是有其不同的細微之處，但同樣都是長成了還沒長大的父母。

寄書給我的那位個案，他一直受苦於自己總覺得自己不夠好，儘管學業或課外表現都是名列前茅。從小他每一次的成功表現，父母的誇讚從沒有是眞正打從心裡發出的驚喜，而只是興奮地四處向人炫耀。過去，他以爲是自己不夠好，這些成功還是不夠成功，所以父母的喜悅眼光從沒好好凝視穿進他的瞳孔，讓他感覺到自己在父母心中是非比尋常的。現在他知道了，是父母還是小孩子的心態，不懂得欣賞他的成長，而將他的成就當作是父母炫耀他們自己的裝飾品。花了許多年，他才發現，原來自己不只是沒問題，而且，還是很不錯的。

比起爸媽，我還是差太多了……

「怎樣才能讓孩子更有自信呢？」

在演講的場合也好，在治療性的會談裡，這樣的問題經常被提出來，而且，會提出這樣問題，通常是一位已經十分焦慮的父親或母親。

如果是指年紀還幼小的孩子，我自然而然就會以溫尼考特那一觀念：「適當的挫折」。溫尼考特是說：「適當的挫折是小孩子成長最好的促成環境。」小孩子什麼的成長？當然就是廣義的自信心了。

所謂挫折，是指可能失敗也可能成功的挑戰，是當事人的過去經驗沒有把握的。當人們面對可能造成挫折的挑戰而加以持續，自然會挑起每個人本性裡的潛能，所有的努力必然會有挑戰成功的一天。而這過程將在我們心靈深處內化成爲生命的一部分，日後面對同一類的阻礙時將不再擔心，甚至是越來越有把握，也就是累積更多的信心。

只是，信心的條件似乎不只是這一種，特別是青少年或將成年的年輕人。在華人的社會裡，個人信心的建立，至少還涉及家族裡代與代之間的一種微妙動態。

我是在會談室裡遇到燕珊的，她的情形就是這一類的例子。

會談了半年多，原本憂鬱而無助的燕珊幾乎是復原了，我們已經開始討論如何逐步結束會談。沒想到這一天，燕珊一坐下來就開始哭了。原本明天就要去新工作報到而展開新的嘗試，可是昨晚她告訴爸爸時，爸爸卻立刻十分粗暴地否定了。

剛剛應徵到的工作是一家新開幕五星級飯店的櫃檯工作。燕珊雖然回國兩三年都沒工作，但因爲流利的英語帶來的優勢，加上得體的外型，居然脫穎而出。

對燕珊是帶有勝利成就感的事，爸爸卻完全相反的反應，爸爸生氣的是，居然是「飯店這種拋頭露臉地服侍別人，而且一個月才兩萬五」的工作，不論對他當初送燕珊出國唸高中和大學的苦心，還是對他和太太在社會上都算是有點頭臉的身分地位，似乎都是很難接受的。

當初，燕珊在紐約快大學畢業時，原本已經應徵到一家金融公司的工作，不巧卻因爲雷曼兄弟的二次信貸騙局引發的金融危機，原先的工作承諾被取消了。再加上九一一事件後，美國提高治安警戒，非美國公民的畢業生找不到工作的話，簽證很快註銷，沒法留在紐約慢慢應徵，只好先回台北。

決定回台灣時，skype裡聽到爸媽的口氣，似乎一切都沒問題，他們兩人的態度好似有辦法幫忙安排好工作似的。沒想到，回到台北，才發覺父母早早就退休，不再有太多的人脈關係可以安排進到那些有限的幾家跨國金融公司。

燕珊個性其實是內向有點害羞的。雖然多年來隻身在外的生活，她磨練得乍看有些自信，只是逐漸地，隨著幾次不順利的應徵後，她是越來越憂鬱了。待父母發現問題的嚴重，他們反而起勁地積極動起來，開始安排各種的治療，包括到某大醫院自費的ＶＩＰ門診。因爲這樣的緣故，才轉介來做心理治療。

因富裕而被剝奪的一切

有些時候，我會慶幸自己是活在一個最好的時代。特別是面對年輕的個案，聽他們因爲富裕而被剝奪的一切時。

在我出生的時候，二次大戰的貧窮已經逐漸遠去。我們的童年雖然不富裕，卻是從不匱乏。所謂匱乏，lacking，依法國分析師拉崗的說法，是來自不足。也許是自己曾擁有過，也許是知道別人擁有，也就有了一種自己是不足的，一種還少了一些東西的匱乏。而我的成長，雖然貧困，從來就不是匱乏的。

然後世界漸漸富裕起來，不同國家也都陸續富裕起來。六〇年代以後的台灣，在我年齡成長的過程，也同樣地富裕起來了。我們這一代的成長步伐，很快速地跨過我們父母那一代的成就。因爲台灣成長了，就學的成本不再昂貴，而就學的機會也更多了。我們學歷比父母好，加上台灣的事業機會還持續增加，我們的工作也比父母擁有得還更好。

九〇年代的台灣，電視上有個讓人印象深刻的奶粉廣告，一句溫柔的文案卻深深烙印在人的心頭：「孩子，我要你比我更強。」這個廣告是將孩子未來的成就描述成「比父母更強」。我們那一代在整個時代條件和時代氣氛下，大部分人都比自己的父母更有成就，也因此大部分的人比父母那一代還更有自信，或者說，有自信不輸他們。

下一代比上一代更有成就不一定會更有自信；然而，如果要有更多的自信，必定要更有成就。

我說自己是成長在一個幸運的時代，是因爲我自己的父母他們那一代是受到政治和經濟雙重限制的成長過程。雖然他們也認爲自己是幸福的，因爲比起他們先輩，童年以後就不再受戰爭帶來的流離失所或不確定感或失落等等所苦，但戰後仿若廢墟的物質條件，包括他們父母無法提供足夠的成長協助等局限，再加上政治上的不安，讓他們無戰亂的人生還是有先天不足的遺憾，包括教育的機會不足、創業的資源有限等等。

我們這一代成長在家庭、社會和國家都富裕以後，開始有六年或九年的國民義務教育，也開始有更多大專教育的機會。自然地，我們在教育上的成就，很快就超越父母。日後，在社會階層向上移動的層面，也很快就超過父母。當八〇年代的台灣社會有了空前絕後的最大也最有影響力的中產階級，我們也自然而然就跟著整個大環境晉升爲其中的一份子。

這一切的發生，都是在無意識層面的。當時，包括我在內，每一個人都將這一切當作理所當然，也認爲未來也是理所當然地會繼續成長。

直到遇到燕珊這樣的例子。

籠罩在父母成就的陰影之下

像燕珊這樣的情況，在這一個時代有幾十萬個人。

他們雖然有機會去國外讀書，有父母經濟優渥的支持，甚至有一個物質不虞匱乏的童年。但是，他們失去的，卻是更多。

有太多過於有成就的父母，以致於孩子失去了勝過父母的機會。他們失去的不只是勝過父母的機會，在他們成長的過程中，不論做啥事，都是父母曾經做過，不輸他們，甚至做得比他們好太多了。幾乎，除了電玩等數位時代才有的玩意，他們的成長是走不出父母的成就所籠罩下來的陰影。

燕珊小時候成績不差，在台北某一知名私立學校，排名總是班上十名左右。父母也瞭解這間資優的私校競爭十分激烈，這樣的名次是「可以的」；只是他們總希望自己的孩子更好，也就經常不經意說出：「我小學六年都是班上前三名！」「我當年在國中從沒有掉到第五名以外。」之類的話。只是父母忘了說，他們當年讀的可能是鄉下的小學和國中，同學的資質差太多了。和大部分的孩子一樣，燕珊也聽進這些話了，內心深處開始有個想法：「我雖然還可以，但比起爸媽，我還是差太多了。」

就這樣，「我還是差太多」的心情，讓燕珊他們這一代面對未來時，開始莫名地擔心，更謹慎每一步跨出的過程。

還記得這一句廣告嗎：「孩子，我要你比我更強！」

這廣告多可怕也可惡呀！

它的出現，其實就開始抓到當時父母人心所恐慌的，因爲「一代勝過一代」已經不再是理所當然了。最有效的廣告，往往點出人們已經擁有卻還沒察覺的心理。然而，口吻卻依然樂觀地維持原來的期待，讓廣告的意象產生了撫慰這一切不安的效果。既然廣告中那位媽媽依然可以如此自信，可見她身旁的那個神奇產品有可以保持原狀的神奇效果。有了它，做媽媽的我也可以不用擔心外面世界的一切改變了。

如果忠於這將發生的變化，也就是繼續順著原來想說的擔心去講，就變成人們最不想知道的預言了。想想看，這樣的話雖然很準確，但有人要聽嗎？

「孩子，你如果按我的路走，你的未來不會比我更強的。」「孩子，你的未來更糟！」這不是像革命的煽動口號了？

但是，燕珊他們恐怕是要知道這事實，因爲要親自面對這一切改變的，是他們脆弱肉身的未來。

只是，從燕珊被阻止去新工作這一事實，似乎也警告著：不只是年輕人，連父母也都該好好聽聽這一時代的眞實狀況呢！

哀悼的溫度

哀悼（grief）是一個重要的問題，在近年的台灣越來越受到重視。八〇年代以後，傅偉勳教授的《死亡的尊嚴與生命的尊嚴》一書，讓國人看見自己生命中的生死，思考和關注隨之而來，而有了生死學的發展。然而，更早以前，在台灣護理界，趙可式教授早已苦行僧般努力數十年。她累積下來的影響，在傅教授等人開始倡導後，一切也就水到渠成了。這些年來，在醫療界，哲學界和宗教界，都興起了臨終關懷的運動。

死亡在台灣從此不再是禁忌，甚至是可以安詳正視。在家庭的共同祕密中，也就是沒有人規定但大家都知道不可以觸碰的話題，在過去，死亡往往只是其中之一。但是這些年來，特別是聖嚴法師臨終前安詳採取樹葬，而單國璽樞機主教巡台演說自己罹患癌症和面臨死亡的心情後，死亡不再是台灣民眾絕對禁忌的話題。

當死亡不再是禁忌，當人們也透過生死學和臨終關懷熟悉了庫伯勒－羅斯（Elisabeth Kübler-Ross, 1926-2004）所提出的五個心理階段（否認、憤怒、討價還價、抑鬱和接受），在台灣，我們的哀悼（失去至親的情緒），還有怎樣的議題、現象或溫度可以去追求的呢？

透過死亡，與至親有更多的瞭解與連結

失去至親的五個心理階段只是一種理想狀態，我們藉此從情緒中暫時抽離出來，診斷看看自己走到哪一個階段了。有人則檢視自己生活是否建立新秩序了，瞭解自己的生命是否被牽絆而尚未痊癒。也有人開始回顧自己的生命，開始回顧自己和去世的至親之間過去數十年來的關係。總之，方法越來越多樣了。

我自己習慣引導個案去看過去的生命經驗。

一位許多年不再見面的個案，忽然又打電話來約診，原來是他父親突如其然地去世了。當年在博士班時，指導教授對他的呵護和引導，投射在他心中幾乎化身爲一位理想的父親形象。因爲如此，不知不覺地當他言必稱教授時，他在眞實生活中，開始激起自己的眞實父親在潛意識層面的嫉妒和進一步的競爭。教授鼓勵個案往專業再進修，甚至出國；父親則堅持個案要開始考慮生活的現實層面。教授不自覺地引導個案走向基督教信仰而接受洗禮，而父親那勃然大怒，甚至在個案面前落淚，表示再也沒人繼承祖先牌位的祭拜。我們的會談，隨著個案自己相當不容易的努力，看到自己和兩位父親的

關係，看到這兩位父親甚至在自己心目中終於重疊爲一致的形象，而他自己也逐漸走出問題來。

再一次見面以後，我先瞭解他近年來的發展，包括專業上越來越投入的追求，也包括擁有一位可以支持自己專業的妻子，以及他父親如何死亡。

他父親是急性心肌梗塞而離別的。這樣的告別，忽然之間，他充滿了對不起父親的罪疚：特別是在面對母親「反覆不定」的態度，更覺得自己竟然連母親都照顧不好，而察覺父親的辛苦，卻已經來不及對他表達任何感謝。

對於治療師來說，這是一次不容易的機會。過去心理治療是因爲父親議題而激盪澎湃，現在又因爲父親去世來會談。雖然喪事的繁重和失落的心理還在急性期，會談的約定往往不容易找到合適的時間，只能隔許久再約一次。

可是，在第一次的引導中，和過去的分析銜接起來了，他自己再一次仔細回想和父親的關係，包括從父親同伴或親戚的描述，似乎有更多的瞭解更深的連結。第二次會談時，雖然還受困於母親的心情，但他也開始明白母親反覆的態度是她的哀悼過程，他不必急著要求母親快快走完。

死亡，使生命更豐富

這樣的工作，是傳統的哀悼心理治療所常處理的面向。另外還有處理來不及的告別、來不及的親情等等的，也是常見的面向。只是，果眞「死者爲大」，一切都是倖存者的功課嗎？在《死亡的益處》（大塊文化，2011）一書，心理治療師珍・賽佛（Jeanne Safer）提出過去台灣沒談論過的一個主題：失落不一定只帶來自我的負面作用，其實許多人在喪親以後，在身體上，在心理上，甚至在靈性上，反而頗有收穫。

這樣的論點是過去這方面沒有的，甚至是出於壓抑而忽略。

我所謂被忽略，是指包括我自己在內的許多治療師。現在回想起來，不只一位個案，他們的傷慟之所以徘徊不去，恐怕是他們有一股沒被看到的自責，也就是自責怎麼會感受到這樣的收穫，也就是在身心靈上更自由的感覺。當個案還處在哀悼過程，這樣忽然冒出的喜悅感，是讓自己更罪疚的。佛洛伊德在《哀悼和抑鬱》裡，早早就提出來，我們一方面會以爲自己的一部分消失了，又會認爲自己的本能某一層面上是謀殺了對方。如果是這樣，這時的喜悅不是更教人罪疚嗎？

珍・賽佛提出的這種收穫，至少在這個層次上是值得重視的。在過去，我自己的臨床之作裡，也許是個案的哀慟情緒太強烈了，也許是自己的反向移情，會談焦點都是放在哀悼和失落本身。現在回想起來，如果當時也可以看到這些被哀傷所掩飾掉的收穫感（甚至是喜悅的），或許處理這些情緒可以更深入。

《死亡的益處》這一本書描述的收穫感受，其實多在哀慟情緒過了許久以後才出現的。哀慟的階段逐漸遠離以後，似乎很多人也不再去談自己這一方面的深處想法了。只是，如果有機會，確實，我們都可以有同樣的觀察。

我自己經常就覺得自己是因爲父親的死亡，才眞正解決了之前幾年才分析出來的逃家／離家心境。那時已經是三十五歲了，我才因爲這樣的發覺自己，而終於可以回家了。

對父母，不要完美的期待

雙親的死亡，可能會成爲你這輩子最重要的成長的時機。這是珍・賽佛說的，至少在我自己身上也清楚出現了。

只是，也許是有些遺憾的，珍・賽佛的案例描述裡，對死去的父母花太少的用心，以至於同理了她的個案卻沒同理個案的父母。她對父母雖然沒有太多的直接的描述，但透過這許多的間接描述，每一位父母就算沒嚴重到成爲小孩情感的吸血鬼，至少也都是不成熟的。

如果我們用佛洛姆的理論來思考，就可以了解眞正的成熟而不具佔有慾的愛原本就不容易，對父母們也就不會有如此完美的期待了。也許作者珍・賽佛本身還是期待自己父母的完美，因爲她的反向移情，將個案父母即使十分人性的任性或佔有慾，都描述的有些極端了。

一個人不容易沒有佔有慾，即使父母亦如此。只是，唯有父母的死亡，我們才有機會看見原來父母對我們無私付出的愛當中，也有這一部分的自私，也許不嚴重，卻糾纏許久了。至少，這是珍・賽佛這本書帶給我們的學習，而這樣也就夠了。因爲這是前所未有的洞見（innovation），這本書也就値得我們去欣賞和深思的。

在狂奔的時代，慢下來

經常，在門診裡遇到一種很難放到診斷裡的個案。他們是由焦慮的父母帶來，用閩南話是說小孩太「Luan 性」了。他們指的是小孩太沒有自發性、太被動，或太消極了。

這些小孩可能是小學高年級，也可能是高中生。一位媽媽的描述十分傳神：「好不容易拖拖拉拉吃完飯了，叫他先去寫功課。沒想到洗好碗再去書房陪他，他竟然還寫沒兩行國字。忍不住痛罵一頓，在旁邊盯著，看他終於開始動了，再快快去洗衣服忙些別的。結果一回來，他又沒進度了。他也沒做啥，沒玩遊戲機，也沒上網，就是搖搖鉛筆摸摸文具，半玩半發呆的。」

在閩南話裡，「Luan 性」是十分傳神的，可是中文裡就不容易找到對應詞，甚至英文裡也很困難。在心理學的英文用詞中，較接近的形容詞也許是依賴（dependant）或被動（passive），可是這兩個詞各自的範圍又不僅僅是前段描述的那種樣態。

因爲國語裡找不到適當的字詞，我自己擅自用了「糯性」這個詞來描述。「糯」的閩南語發音當然不是這樣，但他的國語發音倒是接近原來詞的閩南聲調，再加上糯米的意象就有那種不容易堆高而癱了一地感覺，似乎也頗傳神。

每次見到糯性的孩子，就算是父母沒陪同來，我都可以想見他的背後有一位（有時兩位皆是）十分急性或焦慮的父母，而且，聲調經常是很容易提高的。

在目前的台灣，大部分人在擔任父母的角色時，大多都知道應該要留給孩子自己動手做，而且是要站在鼓勵的立場在旁加油。

在情境裡，孩子有一定的好奇心，也有足夠的自信，他們在不同的年紀總是會去探索身旁的新奇玩意。同樣地，他們慢慢學會挑戰的樂趣，學會競爭的感受，甚至也瞭解紀律或責任的道理。

當孩子還小的時候，如果要讓孩子維持這樣兼具好奇心和自信的自發性，父母要多多創造讓孩子親自動手的機會，並且在過程中看到他們新突破的興奮而加以鼓勵。通常，這些愉悅是來自有點難度的挑戰：太容易的挑戰沒有成就感，太艱難而再三挑戰都失敗的只是讓人們失去自信。而這也就是英國小兒科醫師兼兒童心理分析大師溫尼考特說的：「適當的挫折是小孩子成長最好的促成環境。」

然而，在台灣，面對這一切，父母又該如何去思考呢？

讓我們將教養的場景放到眼前的社會吧。

在台灣的大都會裡（像台北），速度是急切的，情緒則是急躁的。拜訪過世界不同城市的人都曉得，像台北這般快速的大都會，除了紐約、東京和中國迅速爆發的北京、上海等一等城市，似乎是很少如此急切的。甚至連倫敦，也許也只有查令十字路最熱鬧的商業區一帶，速度比得上台北。

昔日常見的溫嫻和儒雅，一種帶有從容不迫的悠閒感，是過去的知識階層所習慣擁有的，不論是三〇年代的台灣文化或民國初年的知識人圈子裡。然而，曾幾何時，幾乎是現在台灣社會中不容易的能力，是需要特別提醒才能累進的修養。

台灣的街頭是急迫的，平均的工作時間又是世界聞名的超長。在這樣時間有限的狀況下，偏偏小孩子的教養又有日新月異的角色添增，身爲父母的，也就要在家庭和工作之間發揮最大的效率。

這時候，我們也許再也無法學會悠閒，但是，如何能在效率的維持下，依然可以注意到自己可能被挑起的情緒，包括不必要的急切動作和不知不覺拉高的聲調。

這個時代的氣氛是狂奔的。然而，如果要培養小孩的自發性，父母也需要將自己拉離開這樣的氣氛，甚至是適當地放下。有些時候，好的父母反而是能夠離開，留一些時間給自己，對自己好一點。做很多的父母，其實不一定是好的父母。

懂得玩耍，也將懂得重新站起

我跟一位朋友說起不同文化對待小孩的方式，產生的影響往往不只是小孩個性的不同，甚至是整個文化的。爲了具體說明，我於是談起今年春節的假期。這一年的寒冬不僅漫長，國際新聞裡暴雪的消息似乎將整個北半球都承載過量了。而南半球卻是洪災訊息不斷，漫漫大水淹沒了許多陸塊。彷如，這地球因承載不住上頭的積雪所帶來的重量，下頭也就更浸泡在水裡了。在這情況下，過年春節難得的一次不長不短的假期，也就沒有太多選擇了。

我的假期到地球南陸一個沒被洪水淹沒的白人國境。計畫一個放慢的行程，不租車也不參加團，只是坐長程巴士慵懶地看看不同地形所化成的多采多姿風景。於是，飛機從紐西蘭基督城進出，我的假期也就繞了一圈又回到基督城。從基督城開始，也準備從基督城結束。

以亞洲的標準來說，三十五萬人不到的基督城，其實只能算是一個小鎮。只是，這個被稱爲「花園城市」的小鎮，的確是名符其實，到處都是森林和草地。而在陽光照射的地方，幾乎都可以看見大人陪著小孩玩耍。

旅行的最後兩天，我在基督城遊蕩。走過小河時，發現撐船（punting）有空位，也就坐上去了。船很低，水很近，不同種類的水鴨都游過來了。岸上一位大鬍鬚的中年爸爸，帶著他才蹣跚走路的女兒。女兒拿著大片吐司麵包，整塊在餵那些水鳥，一下子就聚來幾十隻將她自己重重包圍。在船上，看著這個被大小不同搶食的水鳥貼身包圍的小女孩，似乎面露驚恐，也跟著有些擔心，立刻告訴同行的遊伴說：「該不會造成創傷，長大得了對鳥的畏懼症（bird phobia）？」

下船後剛好又步行回到那一塊草地。才沒多少時間，小女孩已經懂得將麵包撕開，再稍稍丟遠。旁邊的爸爸一邊看著，一邊再重複示範，但一句話都沒說，只是微笑。這對小女孩來說，年紀太小了，運動神經的發展還不夠，撕下麵包的動作十分笨拙，丟出去的距離也永遠不遠，但她卻是依然快樂地玩著，再也不怕那些伸直脖頸比她高的水鳥。

因爲坐撐船太適合我們想要慵懶的渡假心情了。到城的另一端，我們又搭了另一段河域的撐船。這段河域也同時出租雙人的印地安獨木舟，玻璃化纖維做的。許多大人和小孩合租一艘，一前一後地合作。大部分是外地的遊客，看來都是划船的新手。其中，也許是農曆年假期的緣故，有不少是華人面孔。

我們的撐船一樣是由這城的大學生掌舵。他們是靠這份工，掙得四年的學費，自然各個是熟練的角色，對於不斷撞上來的獨木舟，似乎也見慣了。

我們在船上，沒多久就可以隨聲音分辨撞上的是亞洲遊客，還是白人了：只要聽到的聲音是帶著指責口氣的，幾乎是亞洲父母；相對地，白人的家庭則是大人小孩同時哈哈大笑。似乎，在玩耍的時候，亞洲父母還是很認眞扮演自己的父母角色，自己從沒有眞正地玩耍。

離開的前一天，二月六日，正好是紐西蘭國慶日。傍晚時分，居民們都一群一群地移向公園，他們一家人圍在地上，野餐毯子有許多食物，各自坐在帶來的輕便椅子上。整個國慶日大會像是小城的集體野餐日。

我們沒事先準備食糧，坐了一下就先走了。畢竟這是我們在C城的最後一晚，我們想坐下來吃頓晚餐。

我回來後的第一個禮拜跟朋友談起了這兩件事，不同的划船和不同的國慶日，說：「也許，從對待小孩的方式，就可以看出文化之所以不同。」

多日以後，這位朋友忽然打電話給我，要我打開看CNN：我兩個禮拜前才離開的基督城，忽然一場地震，幾乎都毀了。我雖然震驚和難過，卻不知怎麼的，莫名地有一種想法，深深地相信這城的居民會再站起來，而且是更堅強也更眞誠地站在一起。

生命的壯遊

覓得一本奚淞老師的舊作《給川川的札記》，台北南區永康街的一家舊書舖子尋來的。

書是牛皮紙封面的，裡頭附有十來幅奚淞親筆的彩色圖文插畫。十月札記有兩幅，第一幅的插畫是設景在海濱。沙灘是許多文明沖積的垃圾，海卻是一片黯綠的單純，更遠的天空是寶藍的深鬱。而文字是這樣寫著：「川川，我終於獨自站在這黑夜的大片海灘上了。我凝視這一波波從黑暗夜心裡升起的白灣，靜謐而喧嘩，無止境地推湧向沙灘，我禁不住傾向那海，並且向海笑了。」

站立的海灘可以是任何陸地的邊緣，可以是任何島嶼，但畫中那一股對遠方的渴望，既是安靜的，也是喧嘩的。

這種感覺，大概是許多歸來的旅人才可以體會的吧。

七〇年代，我自己還是青春的年代，那是一個因爲軍事戒嚴而無所不被禁錮的年代，所有年輕的生命因此而太容易蠱惑了。那些年代，除了三毛來自撒哈拉的召喚，大概就是像奚淞等等幾位被青年仰望的導師所有一切的論述了。

在那一個年代，奚淞談著心靈的追求，黃永洪介紹蘇州庭園之美，林懷民帶回現代的身體，蔣勳談著少年中國的心情，還有漢聲的那一群教人尊敬的行動家。他們親身勤奮地實踐裡，散發出來的不只是知識上的訊息，更多是一種召喚：出走吧，拋掉約定俗成的生命規律，去追求那一股隱約聽見的召喚吧！

環遊世界，一種自我治療

我自己卅四歲那年，才下定決心去環遊世界。那時，解嚴帶來的旅行自由已經許多年了，自己也經常去某一城市自助旅行。對我而言，卅四歲那一年生命忽然出現大轉彎，我被迫離開原來打算定居一輩子的花蓮，所有原先的生涯規劃都打亂了。現在想來，幸虧是老天爺安排這樣的大破，才有後來的種種發展。只是，當時的失落，整個人陷入無底的憂鬱裡，確實是前所未有的沮喪。直到今天，偶爾午夜夢迴，當年一個人站在花蓮高樓的宿舍，感覺可以逃離這一切的美好，飛翔正誘惑著自己，那關鍵而危險的一幕又出現了。

環遊世界的夢想，也就成爲那時的我不知不覺中找到的治療，算是一種自我救贖吧。

事情的開端，所謂的環遊世界也只是隨口講講。但後來準備功課而閱讀的旅遊手册越堆越高，我尋求協助而打擾的朋友也越來越多，衆目睽睽下，這一趟出走似乎是非出發不可的了。

另一方面，也許是小時候熱愛閱讀的小說《環遊世界八〇天》（儒勒・凡爾耐〔Jules Verne〕一八七三年作品）早就在潛意識深處固著了吧。所以，這樣念頭一旦啓動了，也就越發不可收拾。

褚士瑩那時才大學畢業沒多久，可是已經跑了不少地方了。他的年紀雖然小我一大截，卻是一些有趣的機緣，在他師大附中而我在台大醫院當住院醫師時就有些熟識了。於是，待我籌備這一趟自以爲是壯舉的行徑時，身爲我親友顧問團之一的他告訴我，據說有一種叫環球機票的玩意。

所謂的環球機票，Round the World Ticket，在那個沒有網路的時代，彷如也只是傳說，褚士瑩自己也沒見過。我幾乎打遍了台北市所有旅行社的電話，才在一家小小的中大旅行社，遇見旅居瑞士多年的李本玲小姐，在她的協助下，以新台幣七萬多元的低價，買到了這個傳說中的夢逸極品。

旅行、夢想，擋不住的洪水

九〇年代的台灣，一方面是解嚴，另一方面其實也恭臨了整個世界都瘋狂的旅遊潮。經濟富裕了，機票便宜了，許多國家都視觀光爲重要收入而提供更容易的設備和地方交通，在這情形下，出走旅遊也就更容易了。

我還記得當時每年一兩次的自助旅行，所到之處都是當年台灣鮮有報導。我因此曾經應邀幫報紙旅遊版寫稿，有好幾家出版社接洽談出版某地遊記的可能，甚至在網路還沒泡沫化以前，還接受某網站贊助到希臘愛琴海的自助旅行，只要每一兩天找個網咖發稿就行。

然而，旅行這件事的發展比過去任何事的發展都快。在我還正思考自己的遊記，猶豫如何在旅行文學和旅遊手册之間割捨，市面上就出現滿坑滿谷圖文並排的旅遊書了。甚至，連贊助的那家網站，當我還在愛琴海跳島時，就已經宣布結束運作了。

旅行已經是擋不下來的洪水了。

廿一世紀以後，在羅文嘉擔任客委會主委時，他提出了每年主辦築夢計畫，協助年輕人完成自己的夢想。他找了侯文詠、邱一新、徐永明和我，再加上唯一眞正客家人的李允斐教授，一起腦力激盪，將自己年輕時暢快無法追逐當年夢想的挫折經驗，轉化成提供經費及經費之外的許多協助。

這個計畫比林懷民在雲門提出的「流浪者計畫」還早一年，經費也多了許多，但可惜是公家部門，再加上剛開始數年皆以客家族群爲限，「築夢計畫」的知名度也就比不上「流浪者計畫」了。

只是，正如其他評審一樣的說法，這是我擔任許多大大小小評審中，最教人興奮的一次。在每年的遞件中，可以看到現今年輕人各種不同的夢想，遠遠超越我們個人所曾經體驗的。

每次的評審雖然相當漫長，氣氛卻永遠是熱絡的。我慢慢可以理解，這一股熱情的來源。邁入中年的自己，果眞正如別人所說的，是從年輕人身上偷取得青春的。

而這些錄取的築夢計畫裡，其中約略三成是屬於有創意的自助旅行。

旅行，自我探索的方式

旅行本身是一種自我探索的方式。

當然，這裡指的不是一群人的旅行。如果是一群朋友去遊玩，我們不就常說：「去哪裡都沒關係，在一起就好了。」也就是說，一群人在一起的旅行，其實是人與人之間的關係有關的一切事務，和自我內在相處的機會也就不容易了。

十七世紀以來，歐洲貴族青年開始有所謂的「壯遊」（grand tour）。這風氣慢慢延伸，不再只是貴族，也不再只有歐洲，但還是以青年為主。

對青年的自我探索研究最深的心理學家艾瑞克森，在成為心理學家的青年時代，他自己以前也曾有過壯遊。他中學畢業後，拒絕了原先申請到的醫學院，進入巴登州立藝術學校。一年後，他自行離開學校開始旅行，同樣是到希臘和義大利，最後在維也納停留，專業從事小孩肖像畫。

因為待在維也納，艾瑞克森認識了安娜‧佛洛伊德，成為她小學的教師，成為精神分析師，成為一位沒讀過大學的偉大心理學家。他的許多理論被寫進心理學教科書，其中，關於青年與認同的理論，也許就是來自他在地中海島嶼與島嶼之間跳島而來的吧。

思考下一次的出發

二〇〇八年，蔡伯鑫出版了《沒有摩托車的南美日記》（時報出版）一書。他在醫學院畢業後、進入醫院工作之前，和朋友結伴繞了中南美洲半圈，無意中追隨了革命前夕的切・格瓦拉（Che Guevara）的足跡。我曾經爲這本書寫著：

> 青春不是理所當然地存在。青春是要去撞擊、去探險，才開始發生。壯遊是過去歐洲知識分子階層的成長儀式，而現在的台灣，一個海島，她的子女更是需要這一歷程。《沒有摩托車的南美日記》是我心目中的壯遊，我年輕時的夢，作者瀟灑而勇敢地挑戰，也做到了。

殷士閔也同樣是來自醫學院，同樣在畢業後而投入醫院之前，開始了他的單車壯遊，寫下《無疆的騎路》（2011，允晨文化）。

一個人的旅程將是更孤獨了。

當年切・格瓦拉醫學院畢業的摩托車壯遊，還有好友阿爾貝多・格拉納多（Alberto Granado）同行。英國藥劑師兼詩人濟慈（John Keats）到羅馬時，還有拜倫和雪萊相伴。然而殷士閔的單車行程是獨自一個人的，即使偶爾路上有計畫之外的同行者，但心情還是一個人的。

究竟在路上，一個人騎著單車的殷士閔在想什麼呢？跟隨他流暢的文筆和動人的觀察，身爲讀者的我們也開始上路了。我們讀到了不可預期的狀況，讀到意外，讀到教人挫折的大雨，讀到路上其他旅人教人佩服的能耐，更讀到一路上的人和風景。

這時，殷士閔看到自己了嗎？

在字與字的行間，逐漸浮現了他對自己隱約的思考。也許，他看到自己沒有看到過的自己，那種經驗彷如是人類第一次飛上太空，環繞在大氣層外回望地球的情形：那個自己生活一輩子的地球，居然是第一次眞正看見。也許在歐洲某一鄉下的小徑上，殷士閔腦海也曾有一瞬間是這樣的感覺吧。

生命是如此豐富，值得一再地探索。也因爲生命是如此豐盛，不只是青年階段，任何年齡的我們，都該開始思考下一次的出發了。

後記
好父母是來自整個社區的努力

幾個老朋友好不容易見了面，聊起彼此近年來的工作。一位經常投身親職教育的朋友，說起自己這些年的思考，流露出對自己專業的困惑：「有時眞懷疑親職教育的意義，對父母固然有所幫忙，但似乎有一定的局限。偏偏在局限之外的那些問題，往往才是這些爲人父母最困擾的難題。」她指的是最近遇到的幾個案例，父母其實是夠好也夠用心了，卻還是遭遇到孩子相關的問題。

在場另一位從事社工的好朋友，聽了這些親職問題，也提起她最近督導的一個案例。那是兒虐通報的個案，兩個分別是十歲和七歲的小孩。承辦當地地方政府兒童虐待業務的民間機構，派他們的基層社工去瞭解時，才發現在這小小的不幸家庭裡，還有許多來自不同機構的專業人員，包括負責家暴的（媽媽也被毆而列爲照顧對象）、負責精障輔導就業的（打人的爸爸有酒精相關的精神疾病）等等，因爲頗能秉持以當事人爲中心的專業態度，工作上不免有不同的立場，工作範圍有重疊也有衝突。

她說，台灣的政府，藍也好，綠也好，給的餅是名堂越來越多了，但一個家庭就這樣被我們的社會福利政策拆得四分五裂。這種以個人爲出發點的思考所定下的法令制度，眞的可以爲我們社會帶來福利嗎？

這講法和前一陣子的另一場對話，同樣是關心國內健保及其他社會福利的一位專家朋友，有異曲同工之妙。他談的是兩黨候選人紛紛提出的各式各樣有關社會福利的政策，包括提高老農津貼等等。他同樣提出一個問題：是不是因爲選舉制度是以個人選票爲基礎的，以致於我們兩黨候選人的思考，也就完全落在這個認爲「以個人方式可以解決社會問題」的死胡同裡？社會福利變得只有個人，卻沒有看到脈絡，包括家庭和社區這類基本的社會網絡。

壓力鍋家庭，往往來自一個衰敗的社區

當子女遭到父母虐待的事件發生時，不只是只有兒童被虐了，通常這背後還有一位或更多身心疲頓、甚至是精神走樣的大人。當有家暴受虐的婦女

時，背後同樣是有一位不堪生活折磨的男人，只能以問題來逃避問題，也許是酗酒，也許嗑藥，也許只是持續易怒的壞脾氣。難道這些「壞大人」原本就是壞胚子，原本出生就帶來邪惡的基因？也許眞有些是吧，但那些屬於基因論者所描述的先天問題，長久以來的研究發現，這也僅占其中的少數。大部分的「壞」，是來自環境，特別是環境中的資源不足，也許已經符合貧窮程度，但更多是無法領取低收入補助、也不覺自己已經屬於貧窮一族的資源不足。

這些遭資源不足擠壓的家庭，通常又地處狀況不佳的區域。在台北市、台中市或高雄市以外的鄉鎮，經常是在貧困的農漁鄉村，然後再逐漸失所而流離到大都會的貧窮邊緣。

於是，一位遭到不良待遇的小孩，背後有一個像壓力鍋快爆了的家庭；而快爆的家庭，它的更後面往往是一個衰敗的社區。

唯有社區發達了，社區內的資源網路活絡了，家庭有基本的資源，家庭開始有希望了，這樣，這個社會才有可能不再有兒童虐待或家庭暴力這種事。

這種資源不足帶來的深邃而沉重的壓力，不只是發生在社會階層較低的家庭，其實中間或中上家庭也經常自知或不自知地陷在同樣的困境中。

中產家庭的生活，擺在整個社會結構裡，「比下有餘」的狀態會讓人不自覺地放心；自然地，在這種乍看是相對可以的情況下，往往也就無法察覺自己資源吃緊的狀態。可是處在人和人的關係越來越疏遠，家庭與家庭之間越來越不來往，而社區結構逐漸區隔化（compartmentalization）而瓦解的社會結構裡，傳統的支持功能越來越流失殆盡，我們的家庭因爲全靠自己而成本越來越提高，已經幾乎可以說是到相當吃力的地步了。這些年來台灣生育率幾乎是全世界最低，政府開始提高生育補助。這方法其實像是用截箭法來治箭傷，以爲一筆生產的錢，就可以解決孩子一輩子的問題。其實，越來越低的生育意願，是因爲包括撫養子女在內的各種有形無形的家庭成本，是包括中產階層在內的家庭，都感覺沒法負擔了。依中產階級對家庭品質要求的傾向，自我意識是中產階級的夫妻，必然會要求自己是像樣的父母，對懷孕這件事也就更慎重而遲疑了。

我可以將小孩交給誰？

我想起我在台大精神門診的一位患者陳太太，她精神醫學臨床上的診斷是廣泛性焦慮症，但更準確地描述其實是不折不扣的家庭主婦症候群（housewife syndrome）。這個名詞是在二次戰後的美國提出來的，指的是二次戰後開始有機會踏入社會工作的女性，不論她們是專職家庭或是職業婦女，普遍容易出現負擔太多而操心太過所產生的焦慮症狀。

在門診，我例行地告訴這位年輕的媽媽，如何自我察覺和處理她的壓力，包括盡可能放手讓小孩自己去忙而減少負擔。陳太太沉思了一陣，抬頭說：「可是，我可以將小孩交給誰呢？」

年輕一點時，我會覺得這位媽媽太沒自信或太自我中心了，潛意識裡不想多努力或不相信自己可以做到。現在，我像那位從事親職教育的老朋友，也越來越能察覺自己的專業其實不是無所不能了。

政府如果繼續開支票，必然又是廣設托兒中心之類的。但是，這只是又打造將自己區隔在社區之間而非眞正成爲社區系統一分子的機構。甚至，在體制建立的過程中，不但花大量社會福利的錢，還拆散了可能的社區或家庭連結的機會。

其實，好的做法是有的；只要態度對，這一切並不會那麼不容易執行的。我想起多年以前，台北萬芳社區曾經有一群媽媽，輪流排班接送小孩和課後照顧，透過信任、承諾和合作，來分擔彼此的負擔，又創造了親職互動的機會，也解決了孩子在都會區沒有同儕學習的問題。可惜，不管藍綠，政府並沒有順勢將這制度推到全國。

我是多年以前聽台灣大學黃毓秀教授提起，才知道有這樣一個隸屬彭婉如基金會下的社區概念。後來沒繼續連絡，不知狀況如何了。那位來自社工界的朋友，聽我提及，立刻在電腦上拉出這基金會的網頁，點出其中的「社區照顧福利服務互助系統」。原來這些年，她們清楚自己的努力方向了。我在網頁上看到她們的理念，十分欣賞，特別將它抄在下面：

社區照顧福利服務互助系統，是「社會權」概念的具體實踐。「互助」為系統的核心價值，有照顧需求的家庭，透過系統找到照顧幫手，從照顧負荷中稍得喘息，同時創造婦女二度就業機會。二度就業婦女在系統中接受訓練與管理，成為專業照顧工作者，賺取穩定的薪資，並得到勞動權益的保障。

互助系統的運作以非營利的模式，系統成員的互助捐款，是本系統穩定持續運轉的基礎，互助捐款同時將運用在補助弱勢者，以及系統的研發、實驗、推廣工作上，以透過社區大家庭的照顧，建立平等、關愛、合作、助人的社會。目前此系統由台灣社區照顧協會承接，本會主責社區保母支持系統。

這正是當今台灣最缺乏的。

除了個人權，也該思考社會權

過去的台灣，隨著民主制度的建立，個人權開始受到重視，也果眞反映在我們的各種社會福利制度的相關法令，譬如兒童福利法或家庭暴力防制法，都可以看到這種個人權的精神。只是，沒能事先預料到的是，當時個人權這樣的時代精神，固然有當時的必要，也果眞達到那一階段必要的時代任務。然而，這樣的個人權強調，卻也無意中破壞了舊社區舊家族裡的好資源，同時抑制了新社區的可能。這樣十多年下來，一方面台灣社會的個人權是更受到重視了；但另一方面，我們反而看到了台灣的家庭成本急遽提昇，連中產階級也吃不消了。

這階段的台灣，除了個人權，也許該開始思考最缺乏的社會權。

希拉蕊還是美國第一夫人時，她曾借用印地安俗諺來呼籲提升社區在親子撫養中所扮演的角色：「每個孩子都是整個部落一起照顧長大的。」可惜這個理念並沒有在柯林頓時代的美國政府有任何眞正的發揮，只是淪爲政治口號。

但願我們的政治人物可以知道：選民不只是選票，選民是由更廣泛的家庭和社區所維繫的。

就像「每個孩子都是整個部落一起照顧長大的」一樣，父母可以成爲好父母是來自整個社區父母一起的努力。

所有的父母，所有的家庭成員，如果有他們相互支援和學習的社群，而不是單打獨鬥，這樣才有放心的父母，才有信心生小孩的年輕夫妻，才有眞正產生幸福感的社會制度。

在面對年輕的陳太太這樣自覺無力成爲好父母的案主時，做爲精神科醫師和心理治療師的我，常常想，儘管可以同時擅長藥物治療和心理治療，永遠還是有治療室外應該好好思索的局限。

大圓滿

作者—達賴喇嘛
譯者—丁乃竺　定價—320元

「大圓滿」是藏傳佛教中最高及最核心的究竟眞理。而達賴喇嘛則是藏傳佛教的最高領導，一位無與倫比的佛教上師。請看達賴喇嘛如何來詮釋和開示「大圓滿」的精義。

108問，與達賴喇嘛對話

作者—達賴喇嘛
對談人—費莉絲塔・蕭恩邦　定價—240元

作者以深厚的見解，介紹佛教哲理、藏傳佛教的傳承，及其對西方現代世界的重要性，對於關心性靈成長，以及想了解佛教和達賴喇嘛思想精華的讀者，這是一本絕佳的入門好書！

無盡的療癒

【身心覺察的禪定練習】

作者—東杜仁波切
譯者—丁乃竺　定價—300元

繼《心靈神醫》後，作者在此書中再次以身心靈治療爲主、教授藏傳佛教中的禪定及觀想原則；任何人都可藉由此書習得用祥和心修身養性、增進身心健康的方法。

十七世大寶法王

作者—讓保羅・希柏　審閱—鄭振煌、劉俐
譯者—徐筱玥　定價—300元

在達賴喇嘛出走西藏四十年後，年輕的十七世大寶法王到達蘭薩拉去找他，準備要追隨他走上同一條精神大道，以智慧及慈悲來造福所有生靈。

隨在你

作者—吉噶・康楚仁波切
譯者—丁乃竺　定價—240元

心就像一部電影，外在世界的林林總總和紛飛的念頭情緒，都是投射於其上的幻影。如果我們可以像看電影般地看待自己的生命，就可以放鬆心情，欣賞演出，看穿現象的流動本質，讓妄念自然來去。

當囚徒遇見佛陀

作者—圖丹・卻准
譯者—雷叔雲　定價—250元

多年來，卻准法師將佛法帶進美國各地重刑監獄。她認爲，佛陀是一流的情緒管理大師，可以幫助我們走出情緒的牢籠。

心靈寫作

【創造你的異想世界】

作者—娜妲莉・高柏
譯者—韓良憶　定價—300元

在紙與筆之間，寫作猶如修行坐禪
讓心中的迴旋之歌自然流唱
尋獲馴服自己與釋放心靈的方法

狂野寫作

【進入書寫的心靈荒原】

作者—娜妲莉・高柏
譯者—詹美涓　定價—300元

寫作練習可以帶你回到心靈的荒野，看見內在廣闊的蒼穹。撞見荒野心靈、與自己相遇，會讓我們看到眞正的自己，意識與心靈不再各行其是，將要成爲完整的個體。

傾聽身體之歌

【舞蹈治療的發展與內涵】

作者—李宗芹　定價—280元

全書從舞蹈治療的發展緣起開始，進而介紹各種不同的治療取向，再到臨床治療實務運作方法，是國內第一本最完整的舞蹈治療權威書籍。

非常愛跳舞

【創造性舞蹈的新體驗】

作者—李宗芹　定價—220元

讓身體從累贅的衣服中解脫，用舞蹈表達自己內在的生命，身體動作的力量遠勝於人的意念，創造性舞蹈的精神即是如此。

身體的情緒地圖

作者—克莉絲汀・寇威爾
譯者—廖和敏　定價—240元

身體是心靈的鑰匙，找回身體的感覺，就能解開情緒的枷鎖，釋放情感，重新尋回健康自在。作者是資深舞蹈治療師，自1976年來，運用獨創的「動態之輪」，治癒了無數身陷情緒泥淖的人。

超越身體的療癒

作者—勞瑞・杜西
譯者—吳佳綺　定價—380元

意義如何影響心靈與健康？心識是否能超越大腦、時間與空間的限制，獨立運作？勞瑞・杜西醫師以實例與研究報告，爲科學與靈性的對話打開一扇窗。

心靈工坊 PsyGarden

探索身體，追求智性，呼喊靈性，
攀向更高遠的意義與價值
是幸福，是恩典，更是內在心靈的基本需求，
企求穿越回歸眞我的旅程

Holistic

生命不再等待
作者—佩瑪·丘卓
譯者—雷叔雲　審閱—鄭振煌　定價—450元

本書以寂天菩薩所著的《入菩薩行》爲本，配以佩瑪·丘卓既現代又平易近人的文字風格；她引用經典、事例，沖刷掉現代生活的無明與不安；她也另外調製清新的配方，撫平現代人的各種困惑與需求。全書有著原典的精煉智慧，也有著因應世局人心的嶄新詮釋，是一本現代人的智慧生活行動指南。

當生命陷落時
【與逆境共處的智慧】
作者—佩瑪·丘卓
譯者—胡因夢、廖世德　定價—200元

生命陷落谷底，如何安頓身心、在逆境中尋得澄淨的智慧？本書是反思生命、當下立斷煩惱的經典作。

轉逆境爲喜悅
【與恐懼共處的智慧】
作者—佩瑪·丘卓
譯者—胡因夢　定價—230元

以女性特有的敏感度，將易流於籠統生硬的法教，化成了順手拈來的幽默譬喻，及心理動力過程的細膩剖析。她爲人們指出了當下立斷煩惱的中道實相觀，一條不找尋出口的解脫道。

不逃避的智慧
作者—佩瑪·丘卓
譯者—胡因夢　定價—250元

繼《當生命陷落時》、《轉逆境爲喜悅》、《與無常共處》之後，佩瑪再度以珍珠般的晶瑩語句，帶給你清新的勇氣，及超越一切困境的智慧。

當下，繁花盛開
作者—喬·卡巴金
譯者—雷叔雲　定價—300元

心性習於自動運作，常忽略要眞切地去生活、成長、感受、去愛、學習。本書標出每個人生命中培育正念的簡要路徑，對想重拾生命瞬息豐盛的人士，深具參考價值。

有求必應
【22個吸引力法則】
作者—伊絲特與傑瑞·希克斯夫婦
譯者—鄧伯宸　定價—320元

想要如願以償的人生，關鍵就在於專注所願。本書將喚醒你當下所具備的強大能量，並帶領讀者：把自己的頻道調和到一心所求之處；善用吸引力心法，讓你成爲自己人生的創造者。

心態決定幸福
【10個改變人生的承諾】
作者—大衛·賽門
譯者—譚家瑜　定價—250元

「改變」爲何如此艱難？賽門直指核心地闡明人有「選擇」的能力，當你承認你的「現實」是某種選擇性的觀察、解讀、認知行爲製造的產物，便有機會意志清醒地開創自己的人生。

瑜伽之樹
作者—艾揚格
譯者—余麗娜　定價—250元

艾揚格是當代重量級的瑜伽大師，全球弟子無數。本書是他在歐洲各國的演講結集，從瑜伽在日常生活中的實際運用，到對應身心靈的哲理沉思，向世人傳授這門學問的全貌及精華。

占星、心理學與四元素
【占星諮商的能量途徑】
作者—史蒂芬·阿若優
譯者—胡因夢　定價—260元

當代美國心理占星學大師阿若優劃時代的著作！本書第一部分以嶄新形式詮釋占星與心理學。第二部分透過風、火、水、土四元素的能量途徑，來探索本命盤所呈現的素樸秩序。

占星·業力與轉化
【從星盤看你今生的成長功課】
作者—史蒂芬·阿若優
譯者—胡因夢　定價—480元

富有洞見而又深具原創性的本書結合了人本占星學、榮格心理學及東方哲學，能幫助我們運用占星學來達成靈性與心理上的成長。凡是對自我認識與靈性議題有興趣的讀者，一定能從本書中獲得中肯的觀察。

Caring 064

好父母是後天學來的：王浩威醫師的親子門診

作者—王浩威

出版者—心靈工坊文化事業股份有限公司
發行人—王浩威
總編輯—徐嘉俊
執行編輯—黃心宜
特約編輯—祁雅媚、賴慧明
內文排版—龍虎電腦排版股份有限公司
通訊地址—106 台北市信義路四段 53 巷 8 號 2 樓
郵政劃撥—19546215　戶名—心靈工坊文化事業股份有限公司
電話—02）2702-9186　傳真—02）2702-9286
Email—service@psygarden.com.tw　網址—www.psygarden.com.tw

製版・印刷—漾格科技股份有限公司
總經銷—大和書報圖書股份有限公司
電話—02）8990-2588　傳真—02）2290-1658
通訊地址—新北市五股工業區五工五路 2 號（五股工業區）
初版一刷—2012 年 2 月　初版十刷—2021 年 10 月
ISBN — 978-986-6112-38-6
定價— 280 元

國家圖書館出版品預行編目資料

好父母是後天學來的：王浩威醫師的親子門診／王浩威作； --初版.--臺北市：
心靈工坊文化, 2012.2　面； 公分.（Caring：064）

ISBN 978-986-6112-38-6（平裝）

1.親職教育　2.親子關係　3.青少年問題　4.心理諮商

528.2　　101000675

心靈工坊 PsyGarden 書香家族 讀友卡

感謝您購買心靈工坊的叢書，爲了加強對您的服務，請您詳填本卡，
直接投入郵筒（免貼郵票）或傳眞，我們會珍視您的意見，
並提供您最新的活動訊息，共同以書會友，追求身心靈的創意與成長。

書系編號—Caring 064　書名—好父母是後天學來的：王浩威醫師的親子門診

姓名　　是否已加入書香家族？□是　□現在加入

電話 (O)　(H)　手機

E-mail　生日　年　月　日

地址 □□□

服務機構　職稱

您的性別—□1.女　□2.男　□3.其他

婚姻狀況—□1.未婚　□2.已婚　□3.離婚　□4.不婚　□5.同志　□6.喪偶　□7.分居

請問您如何得知這本書？

□1.書店　□2.報章雜誌　□3.廣播電視　□4.親友推介　□5.心靈工坊書訊
□6.廣告DM　□7.心靈工坊網站　□8.其他網路媒體　□9.其他

您購買本書的方式？

□1.書店　□2.劃撥郵購　□3.團體訂購　□4.網路訂購　□5.其他

您對本書的意見？

□ 封面設計　1.須再改進　2.尚可　3.滿意　4.非常滿意
□ 版面編排　1.須再改進　2.尚可　3.滿意　4.非常滿意
□ 內容　1.須再改進　2.尚可　3.滿意　4.非常滿意
□ 文筆／翻譯　1.須再改進　2.尚可　3.滿意　4.非常滿意
□ 價格　1.須再改進　2.尚可　3.滿意　4.非常滿意

您對我們有何建議？

▲您的意見，我們將轉貼在心靈工坊網站上，www.psygarden.com.tw

廣　告　回　信
台北郵政登記證
台北廣字第1143號
免　貼　郵　票

心靈工坊 PsyGarden

10684台北市信義路四段53巷8號2樓

讀者服務組　收

免　貼　郵　票

（對折線）

加入心靈工坊書香家族會員
共享知識的盛宴，成長的喜悅

請寄回這張回函卡（免貼郵票），
您就成爲心靈工坊的書香家族會員，您將可以——

⊙隨時收到新書出版和活動訊息

⊙獲得各項回饋和優惠方案